혁신교육지구란 무엇인가?

혁신교육지구란
무엇인가?

발행일	2018년 6월 1일 초판 1쇄 발행
	2019년 9월 23일 초판 3쇄 발행
지은이	강민정, 안선영, 박동국
발행인	방득일
편 집	신윤철, 박현주, 문지영
디자인	강수경
마케팅	김지훈

발행처	맘에드림
주 소	서울시 도봉구 노해로 379 대성빌딩 902호
전 화	02-2269-0425
팩 스	02-2269-0426
e-mail	momdreampub@naver.com

ISBN 978-89-97206-97-1 93370

학교 혁신에서 돌봄까지

혁신교육지구란
무엇인가?

강민정, 안선영, 박동국 지음

맘에드림

행복하게 자란 아이들이
행복한 세상을 만든다!

"우리는 아이들이 행복하게 자라게 하고 있는가?"

자식을 키우는 모든 부모들이, 학교에서 아이들 교육을 담당하고 있는 모든 교사들이, 더 나아가 우리 사회와 국가가 이 질문에 답을 해야 한다. **혁신교육지구**는 바로 이 질문에 대한 실천적 답을 찾기 위한 노력의 일환이다.

현재 전국 곳곳에서 혁신교육지구 혹은 **마을교육공동체**라는 이름으로 수많은 사람들이 함께 고민하고 실천하고 있다. 지난 수년 동안은 물론 지금 이 순간에도 진행되고 있는 다양한 경험들을 밑거름 삼아 진화해 나가고 있다.

혁신교육지구는 우리가 지금까지 경험해보지 못한 전혀 새로운 일이다. 특히 과거 교육이라는 이름으로 이루어져온 그 어떤 일도 그 자체로 혁신교육지구가 뒤따라 걸어갈 만한 길을 만들어 주지 않았다. 이런 의미에서 혁신교육지구는 길이 없는 곳에 길을 만들어가며 앞으로 나아가고 있는 셈이다. 이 모든 첫 경험들을 받아들이고 그 과정에서 제기되는 난관들을 헤쳐 나가야 하는 혁신교육지구는 한편에서는 우리 삶의 영역을 확장하기도 하고, 또 다른 한편에서는 계획서나 보고서에 담길 수 없는 구체적이면서도 현실적인 갈등과 불편함, 어려움들에 직면하게 한다.

혁신교육지구는 우리 사회에 커다란 화두를 던지는 **정책**이자 **운동**이다. 우리 아이들을 위해 국가와 사회, 어른들이 무엇을 해야 하는가에 대해 새롭게 사고하기를 요구하고 있다. 교육의 프레임을 바꾸고, 아동·청소년 복지 개념을 확대하고, 마을의 해체에 순응하지 않기를 요구한다.

혁신교육지구로 교육자치와 일반자치가 협력하고, 관과 민이 만나며, 마을주민과 교원들이 협력한다. 교육이 학교만의 일이라는 사고를 깨고, 학교도 학교 밖도 우리 아이들이 안전한 환경에서 건강한 시민으로 성장할 수 있도록 할 공동책임을 지고 있다는 자각을 일깨우고 있다.

혁신교육지구는 교육운동이자 지역공동체회복운동이며, 새로운 아동·청소년 복지체계를 구축하는 일이기도 하다. 또한 오랫동안 추진되며 성장해왔던 풀뿌리운동의 체계화이자 삶의 공간인 지역(마을)을 교육을 매개로 재구조화하고 아이와 어른, 교사와 주민을 지역에 발 딛고 선 주체로 만드는 민주주의 확대운동이기도 하다.

따라서 먼저 각성한 몇몇 소수에 의해 이끌리거나 일시적인 지역 정치여건과 그로 인해 가능해진 예산 투입으로 이루어지는 일은 더더욱 아니다. 사회가 아이들의 삶을 '전일적'이며 '공공적으로' 돌보는 체계를 만드는 혁신교육지구는 한층 더 많은 사람들의 일이 되고 더욱 긴 시간 동안 지속되어야 할 일이다.

이러한 의의에 비추어볼 때, 혁신교육지구는 아직까지 초기단계라고 할 것이다. 따라서 많은 사람들이 혁신교육지구의 비전과 철학에 대해 충분히 합의하고 정리하지 못한 상태에 있다. 이 책은 혁신교육지구에 직·간접적으로 관계하고 있는 많은 이들과 혁신교육지구란 무엇이며, 또 어떤 **비전**을 세우고 실천해 나가야 할 것인가에 대해 함께 생각을 나누고자 한다.

이를 위해 2부와 3부에서는 혁신교육지구를 선도적으로 실천하고 있는 경기도 시흥시와 서울시 도봉구의 구체적인 사례를 나누고, 1부와 4부에서는 혁신교육지구의 성격과 의의 및 성과와 과제들을 정리하여 실천적 관점과 결합된 혁신교육지구의 비전 세우기를 시도하고 있다.

이 책이 혁신교육지구에 관심을 가지거나 실천하고 있는 많은 이들에게 길잡이가 되어 혁신교육지구가 더 단단하고 더 풍부해지게 된다면 부족한 글을 쓴 필자들에게 큰 기쁨이 될 것이다. 특별히 교육혁신의 깃발을 든 교육부와 조만간 새로 뽑힐 전국 시·도 교육감과 교육청 관계자들이 부디 이 책을 읽어주기를 당부하고 싶다. 이 책이 우리 아이들을 위해 가보지 않은 길을 열어 나가는 데 좋은 논의의 촉발제가 되기를 바란다.

2018년 봄

필자들을 대표하여

contents

꿈의 허브로 성장해가는 행복한 마을학교

학교는 수업을, 마을은 방과후를

현재 혁신교육지구는 과거부터 자생적으로 이루어져온 마을공동체운동과 발전
적으로 결합되면서 좀 더 광범위한 지역 교육운동으로 확장되어가고 있다. 혁신
교육지구는 이처럼 전국적으로 확산되어가고 있지만, 혁신교육지구란 무엇인지,
어떤 배경으로 등장하게 된 것인지 그리고 구체적으로 어떤 비전을 가지고 지역
사회에 어떻게 도움이 되는지에 대해서는 아직까지 논의가 분분하다. 이에 1부에
서는 혁신교육지구에 대한 개괄을 통해 혁신교육지구 개념과 그 실체에 대한 이
해를 돕고자 한다.

PART 01

전국적이고 광범위한 지역 교육운동의 실체

혁신교육지구의
추진배경과 기본성격

by 강민정

혁신교육지구가
무엇인지 궁금하십니까?
그것이 알고 싶다면
이 책의 내용에 주목하십시오!
먼저 1부에서는 혁신교육지구의 실체와 운영 방식
그리고 앞으로 나아갈 방향을
낱낱이 밝혀볼 것입니다.

CHAPTER 01

혁신교육지구의 등장배경

"
2011년 경기도를 시작으로 현재 서울, 인천, 강원, 충북, 전남, 전북 등 전국 각지에서 혁신교육지구가 운영되고 있다. 지역마다 명칭은 조금씩 차이가 있지만, 교육청 정책을 중심으로 지자체와 협력하는 교육거버넌스, 즉 교육협치 체계라는 점에서는 크게 다르지 않다. 현재 혁신교육지구는 각 지역마다 교육청과의 긴밀한 거버넌스를 유지하며 발전해가고 있다. 이 장에서는 혁신교육지구의 구체적인 운영에 관해 본격적으로 살펴보기 전에 이러한 혁신교육지구가 탄생한 배경과 전국으로 확산되기까지의 과정을 살펴보기로 한다.
"

혁신학교 확대를 위해 시작된
경기도의 혁신교육지구

최근 몇 년 사이 '마을교육공동체'라든가 '혁신교육지구'라는 개념이 광범위하게 사용되고 있다. 오늘날 혁신교육지구는 자생적으로 이루어져온 마을공동체운동과 발전적으로 결합되면서 한층 광범위한 **지역 교육운동**으로 확장되고 있다.

'교육' 중심의 거버넌스 정책, 혁신교육지구

혁신교육지구는 경기도교육청이 2011년 5년의 사업기간으로 시작한 이래, 현재에는 서울, 인천, 강원, 충북, 전남, 전북 등 전국으로 확산되어 실시되고 있다. 2018년 현재 경기도는 15개 지구, 서울은 22개 자치구에서 각각 혁신교육지구가 운영되고 있으며, 그 명칭은 조금씩 다르다. 서울은 서울형혁신교육지구, 경기는 혁신교육지구, 강원과 충북은 행복교육지구, 전남은 무지개학교 교육지구, 전북은 혁신교육특구, 인천은 교육혁신지구 등 지역별로 다소 차이가 있다. 하지만 교육청 정책으로 지자체와 협력해서 추진되고 있다는 측면에서 공통점이 있다. 정책의 추진 과정에서 나타나듯 혁신교육지구는 교육혁신을 위한 큰 흐름 속에 위치하고 있다. 정책의 1차 주체가 교육청이며, '교육'을 중심으로 한 **거버넌스 정책**이다.

지자체, 재정지원 역할에서 정책 주체의 일부로

전국 최초로 혁신교육지구 정책을 실시한 곳은 경기도였다. 경기도는 당시 교육혁신 정책의 핵심이었던 혁신학교를 확대하기 위해 지자체의 재정적인 협력을 이끌어내기 위한 정책으로 혁신교육지구 정책을 시작하였다. 2014년 김용련 등에 의해 진행된 '경기도 혁신교육지구 발전방안 연구(경기도교육청)'에 따르면, 경기도 교육청이 2010년도 혁신교육지구 사업을 기획하면서 제시했던 추진배경에는 교육혁신을 위한 효율적 재정분담 필요에서 제기된 지자체와의 협력 필요성, 주로 시설 투자와 같은 부차적이고 간접적인 분야에 집중되었던 **교육예산**을 교육의 질을 향상시키기 위해 더 실질적이고 실효성 있는 분야로 집중시켜야 한다는 요구,

즉 지자체가 보유하고 있는 교육예산의 효과적인 활용에 대한 문제의식이 존재했다. 혁신교육지구 정책은 이를 통한 **혁신학교 일반화**를 목적으로 시작된 정책이라 할 수 있다.

그래서 초기에는 지자체와의 협력 방식도 주로 예산을 지원하는 형태였고, 그 예산은 거의 단위학교로 배부되었다. 즉 예산집행 주체가 별도의 혁신교육지구 추진단과 같은 거버넌스가 아닌 학교였던 것이다. 이 점에서 경기도의 혁신교육지구 출발은 교육혁신을 교육청과 지자체가 더욱 적극적으로 협력하여 추진한다는 새로운 관점을 제시하기는 했지만, 그 협력의 정도나 방식이 기존 방식의 틀을 크게 벗어나지 못한 한계를 드러냈다.

하지만 이후의 진행 과정에서 애초의 정책 목적과 집행 방식에 대한 평가를 통해 좀 더 발전적인 전환이 이루어지고 있다. 혁신교육지구가 기존 다른 정책들과 달리 학교와 교육청 범위를 넘어서 지역으로까지 영역을 확장하는 정책이었음에도 불구하고 여전히 교육청과 학교 중심 사고 틀에 갇혀 있다는 점을 반성하고, 이를 극복하려는 노력이 이루어진 것이다. 지역(마을)을 실질적인 정책 주체의 일부로 보는 관점에서 '**꿈의학교**' 정책이 새롭게 시도되어 이전과는 다른 새로운 성과들이 만들어지고 있다.

현장 요구에 근거해 제기된
서울의 혁신교육지구

서울에서 2012년에 계획된 혁신교육지구는 같은 용어를 사용함에도 불구하고 경기도와는 조금 다른 배경과 요구에서 시작되었다. 서울에서 혁신교육지구가 실시된 것은 2013년부터지만, 서울의 혁신교육지구 도입 시기의 정책 성격을 논할 때는, 계획이 수립된 2012년을 검토해야 한다.

정책의 기획과 실행 시점 간의 괴리

혁신교육지구 정책이 기획된 2012년과 그 실행이 이루어진 2013년은 상황이 상당히 달랐다. 교육철학이 전혀 다른 두 교육감이 각각 2012년, 2013년 서울시교육청을 이끌고 있었기 때문에 서울시교육청의 혁신교육지구를 논할 때는 공식적으로 사업이 시작된 2013년보다 정책이 입안되었던 2012년도의 문제의식과 배경을 검토하는 것이 더 적절하다.

문용린 교육감 체제였던 2013년에는 이미 전년도에 결정되고 예산까지 확정된 상황이라 어쩔 수 없이 진행되기는 했으나, 서울시교육청 자신이 입안한 정책이었음에도 불구하고 적극적인 역할은커녕 방해하는 위치에 있었다. 애초 서울시교육청의 혁신교육지구 정책은 교육청-지자체-학교·지역주민의 협력 모델을 주요 내용으로 기획된 것이지만, 이와 같은 상황적 요인으로 인해 2013년과 2014년 상반기까지 서울의 혁신교육지구 정책은 교육청이 빠진 상황에서 추진되는 불완전한 형태를 피할 수 없었다.

학교 현장과 지역 자체의 요구에서 시작된 정책화

경기도가 다분히 순수 교육청 발(發) 성격이 강했다면, 서울의 혁신교육지구는 학교 현장과 지역 자체의 자발적인 요구가 동시에 결합되면서 **정책화**되었다는 특징이 있다. 현장의 구체적인 문제를 해결하고자 하는 현실적 필요에 의해 제안된 것이다. 이는 서울의 혁신교육지구 정책이 갖는 장점이기도 하지만, 출발선의 한계를 내포한 원인이 되기도 했다. 이로 인해 서울의 혁신교육지구 정책은 초기부터 전체적인 전망과 정책 비전을 제시하지 못하고, 구체적인 실천 과정에서 이를 확립해 나가야 하는 과제를 안게 되었다.

　이러한 과정에서 특히 진보-보수-진보로 이어지는 서울시교육청 교육감 교체 상황과 맞물려, 와해되었던 정책을 복원해야 한다는 강력한 요구가 있었다. 이는 비전과 전망에 대한 논의보다 실제 정책 실시가 우선이라는, 현실적 흐름에 압도되면서, 충분한 평가와 논의가 생략되는 한계를 강화시킨 원인이 되기도 하였다.

서울에서 혁신교육지구가
제안된 배경

드디어 2012년, 서울에서는 혁신교육의 확장이라는 관점에서 '가고 싶은 학교, 살고 싶은 마을'이라는 기치 아래 **공교육혁신**과 **마을교육공동체** 형성이라는 문제의식으로 혁신교육지구 정책이 시작되었다. 2012년 당시 서울에서 혁신교육지구가 제안된 두 측면을 좀 더 구체적으로 정리해보면 다음과 같다.

혁신학교 실천에서 제기된 혁신교육지구

먼저 교육계 내의 요구는 혁신학교로부터 제기되었다. 학교 혁신 과정 속에서 자연스럽게 교과서와 학교 담장을 넘나드는 교육에 대한 필요성이 높아진 것이다. 혁신학교 실천 과정에서 이러한 필요성은 다음과 같은 것들로부터 왔다.

① 교육과정 혁신 과정에서 제기된 지역 협력의 필요성

혁신학교는 학교운영 방식, 학교 조직체계, 학교문화를 총체적으로 바꾸는 실천이었으며, 그 핵심은 **교육과정 혁신**이라 할 수 있다. 혁신학교 교사들은 이전의 다소 수동적인 교육과정 시행자의 역할에서 벗어나 주어진 시간표를 넘어 교육 내용과 방법 면에서 새로운 시도들을 시작했다. 예컨대 모둠 협력수업, 프로젝트 수업, 주제통합 수업 등 수업 방법의 혁신과 동시에 교육과정 내에 교과 외 다양한 내용들을 도입했다. 생태, 먹거리, 목공, 연극, 뮤지컬 및 기타 체험과 활동 중심 교육 등을 학교 전체 교육과정과 결합해 진행하는 학교들이 늘어났다. 물론 혁신학교 이전에도 이런 시도들은 있었다. 하지만 교사 개인적 차원의 시도에 국한된 경우가 많았다. 혁신학교의 이런 변화들은 교사들이 학교 밖 전문가나 단체에 대한 정보와 네트워크가 없으면 너무나도 지난한 과정을 거쳐야 되는 일들이다. 이에 교육과정을 혁신하고자 하는 교사들에게 지역의 인적·물적 교육 자원과 정보가 체계적으로 제공되었으면 하는 요구가 형성되었다.

② 혁신학교 교육철학의 실천에 따른 협력 필요성

삶과 결합된 교육이라는 혁신학교 교육철학의 실천은 아이들 삶의 현장인 지역과의 협력 필요성을 제기하는 또 하나의 배경이 되었다. 교과서에 갇힌 지식이 아니라 아이들의 구체적인 삶과 연계되고, 삶의 태도와 기술을 체득하게 하고자 하는 교육활동은 필연적으로 학교와 아이들의 일상이 놓여 있는 지역에 관심을 가지고 지역을 배우는 일로 연결된다.

혁신학교에서는 아이들이 지역으로 나가고, 지역이 학교로 들어오는 교육활동이 적극적으로 시도되기 시작했다. 아이들이 자기 자신과 자신의 삶, 자기가 살고 있는 지역을 이해하고 그것에 대한 애정과 자긍심을 갖도록 하는 것은 교육의 중요한 목적이기도 하다. 또한 학습내용이 단순한 선험적 이론과 지식, 정보가 아니라 자신의 경험이나 자신과 관계 맺고 있는 현실의 문제와 연결될 때 학습효과가 높다고 하는 교육학적 관점에서도 지역과 연계된 교육의 필요성은 높아진다.

혁신학교에서는 이러한 인식하에 교과서와 지역을 연결하고, 교과서 외 다양한 **체험활동**을 적극적으로 도모하는 교육과정이 시도되었다. 이러한 실천은 자연스럽게 학교와 지역의 관계, 지역과 협력하는 교육에 대한 고민들을 낳게 만들었다.

③ 지자체 교육지원예산에 대한 문제의식 제기

학교운영과 학교교육과정의 자율성이 높아지게 되면서 학교교육활동의 주요 재원 중 하나인 **지자체 교육지원예산**(교육경비보조금)에 대한 문제의식이 형성되었다. 기존 지자체 교육예산이 배정되고 집행되는 방식에 대한 문제의식은 지역과의 협력 필요성이 높아지면서 더욱더 구체화되었다. 지자체의 교육경비보조금은 다양한 명목으로 학교에 지원되며, 그 규모가 결코 작지 않다. 이 점에서 교육경비보조금은 지자체 예산임에도 불구하고 본질상 교육예산의 성격을 띤다. 특히 교육자치가 실시되고 있는 상황에서도 교육청이 재정의 독자성을 갖지 못한 반쪽짜리 자치인 상황에서, 지자체의 교육경비보조금이 어떻게 쓰이는가 하는 것은 학교 교육활동에 직간접적 영향을 끼치는 문제이다.

이런 상황에서 일반적으로 지자체 교육경비보조금은 학교교육 활동의 내적 요구에 근거하기보다 교육에 대한 이해나 전문성이 거의 없는 상태에서 지자체 중심으로 다소간 임의로 배분되고 집행되는 한계를 가졌다. 지자체 교육지원예산은 상당 기간 학교장이나 능력 있는 학부모들의 로비에 따라 배분되어 주로 시설사업비로 집행되는 경우가 많았다. 그나마 사회 변화의 흐름 속에 이러한 예산의 배분과 집행 방식의 한계를 극복하기 위한 방안이 바로 공모 형태를 띤 예산지원이었으나, 이 역시 학교 자체의 내적 요구에 근거하고 부합하는 지원 방식이 아니라는 점에서는 근본적인 해결책이 될 수 없었다.

④ 학교 자체의 노력만으로 해결할 수 없는 다양한 문제들

혁신학교 실천을 통한 학교 혁신 노력에도 불구하고 각 학교만의 혁신으로는 해결할 수 없는 문제들에 대한 고민이 제기되었다.

2003년부터 시작된 교육복지특별지원학교사업이나 2006년 사교육 대책 일환으로 도입된 **방과후학교** 같은 사업들은 정규 교육과정 이외의 활동까지 학교가 담당하게 함으로써 학교교육의 질을 떨어뜨리고 교육 전문기관으로서의 학교 정체성을 심각하게 훼손시키는 주요 원인이 되었다.

교육복지학교사업은 저소득층 학생 대상의 선별적 복지사업이고 도입 당시 우리나라 복지체계가 빈약한 실정에서 학교라도 이를 실천해야 한다는 인식하에 시작되었던 사업이다. 당시 상황에서는 사회복지에 대한 상당히 앞선 문제의식과 학생에 대한 근본적이고 포괄적인 책임감의 발현이라는 점에서 진보적인 의미를 띠었다. 그런데 방과후학교는 사교육 대책의 일환으로 전국에 일제히 도입된 사업이었으나, 사교육 대책으로서의 실효성은 낮고, 오히려 맞벌이 부부의 증가와 함께 돌봄 기능적 성격이 강해지며 확대되어왔다. 이는 최근 들어 중등 방과후학교는 줄어드는 반면 초등학교에서는 거의 전면화되고 있는 것에서도 잘 드러난다.

〈2016 통계로 보는 서울교육〉에 의하면 서울시 초등학교 601개교 중 방과후학교 참여율 62.8%, 중학교 27.3%, 고등학교 48.2%, 서울시 초등학교 방과후학교의 1인당 수강 강좌 수 1.7개, 특기적성 수강률은 129.4%에 이르고 있다. 중·고등학교의 경우 사교육인 학원으로 빠지는 학생이 많아 상대적으로 참여율이 낮다. 중학교보다 고등학교 참여율이 높은 것은 직·간접적인 압력에 의해 당연시되는 입시준비용 방과후 보충수업인 경우가 많기 때문이다. 초등의 참여율이 압도적인 비율을 차지하고 있는데, 이는 거의 전적으로 저 연령층 아동에 대한 돌봄 요구가 큰 결과라 할 수 있다(주정흔 외, 2017, '학교와 자치구가 협력하는 마을방과후 학교 운영방안 연구', 서울시교육청 참고).

청소년 복지와 돌봄에 대한 현실적 요구가 실체적으로 존재하고 이를 해결해야 할 필요성은 명확하다. 그러나 문제는 이와 관련된 모든 행·재정적 업무들이 학교 고유의 업무로 규정되고 교사가 이를 직접 담당하는 실무자가 되어 운영된다는 데 있다. 비록 도입 당시에는 사업의 성격에 대한 인식과 분석의 한계로 학교에서부터 시작되었을지라도 어느 정도 추진되어 그러한 부분이 좀 더 뚜렷해진 시점에서는 이를 근본적으로 해결할 수 있는 새로운 접근법이 강구되는 게 마땅하다. 왜냐하면 이는 학교교육에 커다란 질곡으로 작용하는 요인이 되어왔기 때문이다. 이러한 사업들은 아동·청소년 대상 복지라는 성격이 강하고 본질적으로는 지자체 업무가 되는 것이 합당하다.

학교 차원에서 교육을 혁신하려는 혁신학교의 노력은 학교와 지역의 새로운 역할분담과 그에 따른 아동·청소년 정책 전면의 재구조화 필요성에 대한 인식으로 나아가게 하였다. 이런 배경에서 2012년 봄 혁신학교 교사에 의한 혁신교육지구 정책제안서[1]가 서울시교육청에 전달되기도 했다. 실제로 2015년부터 본격화된 서울형혁신교육지구는 물론 전국에서 확대 실시되고 있는 혁신교육지구 정책에 가장 적극적으로 결합하고 있는 곳이 **혁신학교**들이다. 이는 정책 도입기 혁신학교의 문제인식과 정책화에 대한 요구의 자연스럽고 필연적 결과라 할 수 있다. 이 점에서 혁신교육지구는 혁신학교에서 시작된 교육혁신의 큰 흐름 속에서 단위학교 차원을 넘어서 아동·청소년을 위한 교육과 복지에 대한 전 사회적인 재구조화라는 화두를 던진 정책이라고 할 수 있다.

낙후된 자치구의 지역 발전 방안으로서의 혁신교육지구

혁신교육지구 정책 등장의 교육계 내적 발원지가 혁신학교였다면 또 다른 요구는 **지자체**였다. 우리나라는 급속한 산업화와 수도권 중심으로 이루어진 지나친 불균형 성장 결과 마을의 쇠퇴와 공동체성 파괴가 동시에 일어났다.

　서울 안에서도 강남, 서초 등을 비롯한 몇 개 자치구를 제외한 많은 자치구들, 특히 서울 외곽에 자리한 자치구들은 주민들의 이

---

1. '혁신학교를 넘어 혁신교육지구로'(2012, 강민정)라는 제목의 혁신교육지구정책제안서는 내부제안서 형식이었기 때문에 공식 출판물 형태는 아니었다. 여기에서 혁신학교 발전 과정 속에서 학교와 지역의 분업과 협업에 따른 학교 혁신과 지역공동체 회복을 위한 혁신교육지구 정책이 제안되고 있다.

탈과 이동이 심하고 소위 강남지역 몇 개 자치구와 비교해 상대적으로 발전 편차가 큰 편이다. 지역에 대한 '정주의식' 약화는 자치구 재정자립도를 낮추는 요인이 되고, 이는 지역 발전의 장애로 이어져 악순환을 반복하고 있다.

자치구 발전을 고민하는 지자체 입장에서는 이러한 문제를 해결해야 할 상황에 직면하다 보니 다양한 지역 발전 정책을 추진하고 있다. 교육여건 낙후는 주민들의 이탈이나 타 자치구로의 이동을 초래하는 가장 큰 동인(動因) 중 하나다. 이는 자녀의 중학교나 고등학교 진학에 임박해 이동이 많아지는 것에서도 잘 드러난다. 지역 발전을 책임지는 지자체 입장에서는 이러한 문제를 해결하기 위한 해법으로 지역 교육환경을 획기적으로 개선할 절박한 필요성에 직면하게 된다. 2012년에 이를 실천에 가장 먼저 옮긴 곳이 바로 서울시 금천구였다.

기존에 지자체 예산을 교육지원을 위해 수십 년간 집행해왔으면서도 교육은 교육부와 교육청의 일이라는 인식이 강했고, 특히 지방교육자치가 실시된 이후에는 교육자치와 행정자치 분리에 대한 관념으로 인해 교육 문제를 지자체가 고민하고 풀어나간다는 생각을 하기는 쉽지 않았다. 그런데 금천구의 경우에는 교육 문제에 관심이 많은 자치단체장과 교육현장 경험과 교육 문제에 대한 이해가 깊은 전직 교사 출신 보좌관 채용을 계기로 본격적으로 지자체가 지역 교육 발전에 기여할 수 있는 방안을 모색할 수 있게 된 것이다. 금천구의 해법은 소위 일류학교 유치와 같은 강남 방식과는 전혀 다른 관점에 입각해 있었다. 지역 간 교육격차 해소를 중요한 당면과제로 보되, 그 해결방향은 입시중심 경쟁교육의 흐름에 편승하기보다 근본적인 아동·청소년 복지와 교육혁신을 지원하는 것에 맞춰졌던 것이다. 즉 자녀들이 좋은 교육적 혜택을 받게 되어 그 부모들도 지역에 대한 만족도가 높아지는 선순환 구조를 만드는 것을 목표로 하였다.

혁신교육지구를
가능케 한 사회적 여건

04

혁신교육지구 정책이 도입되기 이전부터 우리나라 곳곳에서는 이미 오랫동안 자생적 지역운동이 시도되어왔다. 이러한 흐름은 박원순 시장과 진보적 성향을 갖는 구청장들이 등장하면서 주민 자치 활성화, 마을공동체 사업 등으로 본격화되었다. 그 결과 관 (官)과 민(民)이 협력하여 지역 문제를 공동으로 해결한다는 협치 실천이 이제 곳곳에서 뿌리를 내리게 되었다.

꾸준히 이루어져온
지역주민에 의한 마을살리기 운동

최근 이런 관의 적극적인 역할이 두드러지고 있기는 하지만, 이미 이전부터 주민들에 의한 마을살리기 운동이 다양한 형태로 이루어져왔다는 점을 간과해선 안 된다. 멀게는 생존 및 생계와 관련된 재개발 반대 투쟁에서부터 공동육아나 생협운동, 주민들에 의한 자발적인 소규모 지역청소년 교육·돌봄 사업, 가장 적극적이고 전형적인 형태로는 서울의 성미산마을, 충남 홍성의 홍동마을 만들기 운동까지 다양한 층위에서 공동체성을 회복하기 위한 자생적 움직임들이 이어졌다. 혁신교육지구는 이렇게 오랜 시간 진행되어왔던 지역운동 경험들이 **교육을 매개**로 폭발적으로 확대·발전하는 계기가 되었다. 혁신교육지구 정책 추진이 가능했던 지역적 배경에는 이런 자생적인 지역 공동체운동이 그 기저에 깔려 있었다는 점도 중요하게 지적될 필요가 있다.

민주주의 발전 과정에서 등장한 거버넌스

이처럼 혁신교육지구는 교육혁신의 실천과 지역 발전 방안 모색이라는 교육계 안팎의 현실적인 요구가 맞물려 학교와 교육청, 마을과 지자체가 아이들의 교육이라는 공동의 목적을 위해 함께 협력하기 위한 정책적 시도로 시작되었다. 이는 최근 민주적 행정의 새로운 모델로 제시되고 있는 **거버넌스** 실천의 좋은 사례가 되고 있다. 거버넌스는 민주주의 확대 과정에서 본질상 대의제적 성격을 띤 관료 조직 중심의 정치행정이 갖는 한계를 극복하려는 정치 모델이다. 따라서 90년대 이후 시민역량의 성장으로 주권자적 혹은 주체적 각성을 한 사회구성원들이 어느 정도 형성되어 있다는 점 역시 혁신교육지구가 구호가 아닌 실제 정책으로 추진될 수 있게 한 배경이다.

경기도는 혁신학교 확대 목적에서 시작되었고, 서울의 경우에는 혁신학교와 지자체의 요구가 결합하여 시작된 혁신교육지구 정책은 짧게는 3년, 길게는 7년의 실천 과정 속에서 끊임없는 성찰과 수정을 통해 완성되어가고 있다. 그러나 정책 출발 당시에 혁신교육지구의 비전과 정책철학이 충분히 정리되지 못한 상태에서 진행되면서 일면 자율성과 다양성이 발현될 여지가 마련되었다는 측면도 있으나, 한편에서는 여러 가지 시행착오들을 겪게 만든 원인이 되기도 했다.

CHAPTER 02
혁신교육지구의 성격과 의의

> 혁신교육지구는 교육을 포함한 좀 더 포괄적 차원의 사회변화운동적 성격을
> 띤다. 1장에서 언급한 것처럼 혁신교육지구는 교육계 안팎에서 성장한 민주
> 주의 역량을 배경으로 교육혁신과 지역 발전이라는 과제를 실천하고자 시작
> 되었다. 혁신교육지구의 정책 목표는 마을교육공동체를 만드는 것이다. 그래
> 서 2장에서는 혁신교육지구가 추구하는 마을교육공동체의 상과 혁신교육지
> 구 정책의 성격을 알아보고, 그러한 혁신교육지구가 갖는 의의는 무엇인지
> 살펴보려 한다.

학교와 마을이 함께
교육공동체를 이루다

혁신교육지구는 교육청의 교육정책으로 시작되었다. 하지만 협의의 교육에만 국한되지 않는 상당히 다양한 영역의 변화를 도모하는 정책이자, 교육을 포함한 좀 더 포괄적인 차원의 **사회변화운동**적 성격을 띤다. 앞서 언급한 것처럼 혁신교육지구는 교육계 혁신교육역량의 성장은 물론 우리 사회의 풀뿌리 민주주의와 전반적인 시민의식 성장의 산물인 동시에 이를 진전시키는 적극적 기제이기도 하다.

혁신교육지구가 추구하는 마을교육공동체란?

혁신교육지구의 정책 목표는 마을교육공동체를 만들어가는 것이며, 이를 바탕으로 추진되고 있다. 하지만 혁신교육지구가 추구하는 마을교육공동체의 상(像)은 지역 각각이 처한 상황에 따라 조금씩 다르고, 아직은 추상적인 차원에서 정리되어 있는 수준에 머물고 있다. 이를 좀 더 구체적으로 명료화하기 위한 과제가 우리 앞에 놓여 있지만, 최소한의 공통적 합의에는 어느 정도 도달해 있다고 할 수 있다.

혁신교육지구가 추구하는 **마을교육공동체**는 지역의 아이들이 잘 배우고 삶을 잘 누릴 수 있도록 지원하는 일, 자율적이고 주체적이며 공동선을 실천하는 민주시민으로 성장할 수 있도록 지원하는 일을 학교와 마을이[2] 협력하는 새로운 지역사회를 뜻한다. 이러한 지원을 위해 학교와 마을은 유기적 협업 관계 속에서 "학교는 정규 교육과정을, 마을은 '방과후 교육 돌봄'(마을방과후)을" 나누어 맡는 분업관계를 구축해야 한다. 혁신교육지구에는 **분업 속의 협업, 협업 속의 분업** 원리가 관철되어야 한다. 아이들을 위해 요구되는 학교와 마을의 역할이 각기 다르다는 점에서 그에 맞는 분업이 이루어져야 하지만, 동일한 아이들의 삶을 함께 책임져야 한다는 점에서 상호 협력이 필요하기 때문이다. 이러한 분업과 협업 원리가 작동되는 지역의 협력 교육시스템이 혁신교육지구가 구축해야 할 **마을교육돌봄체계다.**

---

2. 학교가 학교 밖과 유리되어 있는 현실에서 학교 밖 지역을 편의상 '마을'로 지칭하나, 엄밀한 의미에서 광의의 마을 개념에는 학교가 그 일부로 포함되어야 한다. 전자는 협의의 마을 개념이라면 후자인 광의의 마을이 혁신교육지구가 만들고자 하는 마을교육공동체라 할 수 있다.

혁신교육지구의 마을교육돌봄체계는 학교의 일차적 임무로 학교
교육을 혁신하는 일을, 마을의 일차적 임무로 방과후 마을의 교육
돌봄체계(마을방과후체계)를 구축하는 일을 그 핵심으로 한다.

　혁신교육지구와 관련해서 학교가 담당해야 할 일은 공교육혁
신을 통해 학교교육의 수준을 높이는 것이어야 하며, 특히 삶과
결합된 교육 실천을 위해 학교 안팎을 넘나들면서 아이들 삶의 공
간인 마을을 교육과정 안으로 들여오는 일이다. 또한 마을이 방
과후에 지역 아이들을 돌보는 체계를 만드는 일은 학교의 교육 외
적 부담을 덜어낸다는 차원에서 그 자체로 공교육혁신을 지원하

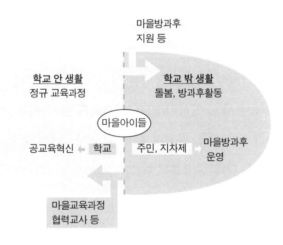

그림 1-1 **마을교육공동체 속 학교와 마을의 분업과 협업관계**

는 일인 동시에 마을공동체성을 복원하는 일이기도 하다. 물론 학교는 자체적인 학교 혁신 외에도 마을 방과후체계 구축에 교육적 관점이 견지될 수 있도록 참여·지원해야 하며, 마을은 학교 밖 마을 방과후체계 구축과 별개로 학교의 마을교육과정이 잘 만들어질 수 있도록 참여·지원해야 한다. 이를 간단하게 그림으로 나타낸 것이 그림 1-1이다.

정리하면 혁신교육지구란 "마을이 학교다", "한 아이를 기르기 위해서는 온 마을이 필요하다"는 말을 교육청, 지자체, 교사와 마을주민들이 함께 실천에 옮겨 마을이 **교육적 공동체**가 되도록 하는 일이다.

아동·청소년에 대한
사회적 책임을 다시 묻다

사회는 아동·청소년의 삶을 공적으로 책임질 의무가 있다. 왜냐하면 그들은 현재적 의미의 사회구성원이자 미래사회의 구성원으로 우리 사회를 이끌어갈 존재이기 때문이다.

국민들의 일상적 삶을
공적으로 해결해야 한다는 인식 증가

사회의 공적 시스템이 낙후된 곳일수록 개인이나 가족에게 문제의 책임을 떠넘기는 일들이 많다. 예컨대 학교에서도 엄마가 싸주는 도시락을 먹는 게 당연했던 시절이 있었다. 그런데 학교급식체계가 만들어지자 아이들은 엄마표 도시락 대신에 돈을 내고 학교에서 급식을 먹게 되었다. 학교라는 공적 공간에서 시스템으로 아이들 끼니를 해결할 수 있는 여건이 만들어졌다는 점에서 이는 진일보한 일이었다. 그러나 돈을 내야 밥을 먹을 수 있던 단계에서는 도시락 반찬에서 드러나던 아이들 간의 경제적 차이가 급식비를 납부하는 아이와 지원받는 아이로 그 형태가 변형된 채 여전히 작동되고 있었다.

2012년 무상급식 주민투표와 서울시장 사퇴라는 홍역을 치르고 나서야 무상급식이 전면화되었고, 노인수당이나 치매국가책임제도, 돌봄교실 등과 같이 그동안 사적 영역에 묶여 있던 국민들의 일상적 삶을 사회보장제도를 통해 공적으로 해결해야 한다는 인식이 보편화되면서 복지사회에 대한 국민들의 요구 수준은 점차 높아지고 있다. 개인과 집단 간의 균형과 조화는 민주주의의 중요한 가치다. 사회 전체의 민주주의 지수가 높아질수록 공동체성의 제도화라 할 수 있는 사회복지제도 확대 요구와 그 실현 가능성도 더불어 높아지고 있다.

아동·청소년의 일상적 삶을 교육적 관점에서 책임지는 마을

아동·청소년은 나이가 어릴 뿐 당당한 사회구성원의 일부다. 그럼에도 불구하고 성장 과정에 있는 존재들이라는 점에서 볼 때,

이들과 관련된 공적 지원과 돌봄은 본질상 교육적 성격을 띨 수밖에 없다. 학교와 마을, 교육청과 지자체가 협력하여 지역의 아이들을 지역이 함께 책임진다는 혁신교육지구는 그 구체적인 정책 실행 과정에서 정책의 취지와 전망에 대한 공통분모가 형성되어 가고 있다.

학교와 마을의 협력 속에서 온전히 정규 교육과정을 책임지는 학교와 정규 교육과정 이외 지역 아이들의 일상적인 삶을 교육적 관점에서 책임지는 마을이라는 상이 점차 구체화되고 있다. 즉 학교와 마을이 교육복지 성격을 취할 수밖에 없는 아동·청소년 복지[3]를 함께 담당해야 한다는 것이 그것이다.

교육복지 개념은 교육과 관련된 사회적 지원을 통칭하는 것이지만, 현실에서는 주로 저소득층 자녀를 대상으로 한 지원사업을 일컫는 것으로 협소하게 사용되는 경우가 많다. 이는 2003년 처음 특정 학교를 교육복지특별지원사업학교(약칭 교복특학교)로 지정하는 방식으로 시작되어 지금은 전체 학교로 확대된 저소득층 학생 대상 선별복지사업이 오랫동안 실시되어온 결과다. 이로 인해 다양한 원인으로 인한 학습소외로 학습이 뒤처진 아이들을 끌어 올리는 일이 학교의 중요한 임무이자 책임이 되어야 함에도 불

---

3. 본질상 교육적 성격을 띤다는 점에서 광의의 교육복지라 할 수 있는 아동·청소년 복지는 학교에서 이루어지는 모든 학생 대상의 보편적 교육복지, 학습이 뒤처진 학생 대상의 선별적 교육복지, 학교 밖 모든 아이 대상의 보편복지, 저소득층 아이 대상의 선별복지가 모두 포함되는 개념이어야 한다.

구하고 현실의 학교에서는 이 일이 그저 '학습부진아 사업'이라는 이름으로 대학생 자원봉사로 해결하거나 부차적인 일로만 치부되고 있는 실정이다. 학교는 저소득층 학생을 선별적으로 지원하는 복지사업이 아니라 저소득층이라는 사회경제적 환경으로 인해 발생하는 학습상의 문제들을 해결하는 일을 담당하는 것이 옳다. 이는 기존에 협소하게 왜곡된 현행 '교육복지' 개념과 구별되는 개념으로 '**학습복지**'라고 할 수 있다. 저소득층 아이들을 대상으로 하는 선별적 지원은 별도의 복지시스템으로 지자체가 담당해야 한다.

혁신교육지구 정책의 목표는 결국 교육 공공성의 전면화

교육은 국민의 의무라는 성격보다는 국민행복추구권의 실현으로서 국가에 의해 제공되어야 하는 권리적 성격, 즉 국민이 아니라 **국가의 의무**로 변화하고 있다. 산업노동자를 양산할 필요가 있던 산업사회 단계를 벗어난 것도 한 원인이며, 국민경제 발전 수준이 높아진 것도 한 원인이라 할 수 있다. 따라서 교육 자체가 국민권리 실현을 위한 복지적 성격을 띤다. 이런 관점에서 볼 때 교육복지란 국가가 공교육제도를 통해 양질의 교육혜택을 아이들에게 제공하는 정책적 행위 자체를 말하는 것과 동의어로 해석될 수도 있다. 반대로 이와 같은 넓은 의미의 복지적 관점에서 접근해야 할 협의의 교육인 학교교육과 구별되는 학교 밖 아동·청소년 대상의 복지(돌봄)도 본질상 교육적 성격을 띤다. 바로 이 지점에서 학교와 지자체, 마을이 협력해야 할 필요성이 제기된다. 혁신교육지구는 학교 안팎에서 지역의 모든 아이들을 대상으로 하는 보편적 복지로서의 **광의의 교육복지를 실현**하고자 하는 정책이다. 혁신교육지구가 실천하는 교육복지란 교육 자체가 가진 복지적 성격으로부터 발생하는 학교가 담당해야 할 교육복지 그리고 아동·청소년을 대상으로 하는 복지가 교육적 성격을 띨 수밖에 없다는 사실에서 발생하는 교육복지라고 하는 양 측면을 모두 포함한다.

혁신교육지구 정책은 교육 공공성의 전면화를 구현하는 정책이다. 아동·청소년의 삶을 **전일적으로** 사회가 공적으로 책임지겠다는 것이다. 공교육인 학교교육과의 협력 속에서 마을이 '공공적 방식으로' 아이들을 함께 교육하는 시스템을 구축하는 것이라는 점에서 **교육 공공성의 전면화**라 볼 수 있다.[4] 여러 가지 문제에도 불구하고 학교는 아이들의 성장을 사회가 공적으로 책임지는 제도다. 그러나 학교 수업을 마치고 난 이후 시간 동안 아이들 삶은 그간 철저히 사적 영역에 맡겨져 있었다. 이에 혁신교육지구는 학교 밖 교육이 철저하게 부모의 사회경제적 능력에 의존하는 사적

---

4. 이윤미 외, '2015 서울형 혁신교육지구 사업의 현황 분석 및 발전 방안 연구', 서울시교육청, 2015

교육으로 이루어지고 있는 현실을 바꾸고, 부분적이나마 공적으로 운영되고 있는 학교 밖 교육과 돌봄을 한층 더 체계적이고 유기적으로 연결하는 시스템을 만드는 일이다.[5]

더 나아가 학교 밖 교육·돌봄체계의 사각지대에 방치되어 있는 아동·청소년들에 대한 교육과 돌봄망을 구축하는 것으로까지 확장되어야 한다. 혁신교육지구는 "마을의 아이들은 학교와 마을이 함께 책임진다"는 정신에 맞게 명실상부한 마을교육공동체를 만드는 일이다.

이러한 관점에서 볼 때, 혁신교육지구 정책에서 학교가 책임지는 정규 교육과정 이후 방과후 아이들의 일상을 책임지는 일이 더욱 중요해진다. 마을과 지자체의 일차적 임무는 바로 여기에 방점이 찍혀야 한다. 그것은 마을방과후학교[6] 같은 형태일 수도 있고, 동아리일 수도 있고, 청소년 의회일 수도 있고, 스포츠클럽일 수도 있다. 이 모든 것이 다 포괄되는 것이어야 할 것이다.

여기서 핵심적 문제는 방과후에도 아이들이 사회로부터 공적 돌봄을 받고, 그 속에서 안전하면서도 풍부한 교육적 경험들을 마음껏 할 수 있는 여건을 만든다는 데 있다. 이처럼 혁신교육지구는 아동·청소년에 대한 사회의 책임을 학교 밖으로까지 확장하여

---

5. 주정흔 외, '학교와 지자체가 협력하는 마을 방과 후 학교 운영방안 연구', 서울시교육청, 2017

6. 장소가 아니라 운영 주체라는 점에서 '마을'방과후학교이다.

전면화하는 일이다. 그동안 정부 부처나 지자체 등에서 파편화된 형태로 추진되어온 아동·청소년 대상 사업들도 나름의 의미는 있었다. 하지만 이런 관점하에 체계적으로 본격화되지는 못한 상태였다. 혁신교육지구는 바로 이러한 과거의 한계를 극복할 것을 요구하고 실천하는 정책이다.

03

공교육혁신운동을 위해
학교와 마을이 협력하다

공공적 성격인 학교교육의 병폐가 심각한 사회적 문제가 된 지는 이미 오래다. 입시 중심의 경쟁 교육은 학교폭력, 왕따, 청소년 자살률 증가, 사교육 확대 등의 근본 원인으로 여러 가지 병폐를 야기해왔다. 다른 한편 입시에 종속되어 선발기능 중심으로 작동하고 있는 학교교육은 여전히 획일적 교육 내용과 교육 방식, 지식 습득 위주 교육의 한계에서 벗어나지 못하고 있다.

최근의 혁신교육 정책과 현장의 자발적 운동 속에서 일정한 변화가 일어나고 있음에도 불구하고 교육청과 학교의 노력만으로는 해결할 수 없는 좀 더 구조적인 문제들이 존재한다. 이에 지역과의 적극적인 협력을 통해 근본적인 변화가 필요한 것이다. 학교교육의 혁신은 교육과정, 학교의 업무 구조, 학교운영 방식 면에서 지역과의 협력이 요구된다.

우선 **학교교육과정**의 변화가 필요하다. DeSeCo 생애핵심역량, OECD 20230 교육핵심역량', 2015 교육과정[7], 일부 시·도교육청 차원에서 논의되는 IB 교육과정 도입 문제, 최근의 입시제도 개편 등에서 일관되게 관철되고 있는 공통점은 지식습득 중심 교육, 문제풀이식 교육, 획일적인 강의식 교육을 탈피해야 한다는 점이다. 또한 소통과 협업 능력, 사회적 문제에 대한 관심과 민감성, 지식 활용과 창조 능력 등 기존 교육 방식과는 근본적으로 다른 교육목적 달성을 위한 교육패러다임 전환의 필요성을 이야기하고 있다. 이를 위해서는 국·영·수 중심의 편식 교육, 교과서와 교실 안에 갇혀 있는 교육이 아니라 학생들이 학습의 주체가 되고 다양한 교육적 경험을 하며, 인간과 세계에 대한 통합적 이해를 할 수 있는 교육과정 운영으로 전환해야 한다.

당연히 새로운 교육과정을 운영할 수 있는 교사들의 자기 혁신이 우선적으로 요구된다. 수업 내용과 수업 방법에서의 혁신뿐 아니라, 교육활동 전반을 혁신하는 주체로서의 교사 혁신 노력이 필요하다. 그러나 새로운 교육패러다임에 부합하는 교육과정 운

---

7. DeSeCo 생애핵심역량 : 도구를 상호적으로 사용하기(사회적, 물리적 환경과 효과적으로 상호작용하기 위하여), 이질적 집단과 상호작용 하기, 자율적으로 행동하기/·OECD '2030 교육핵심역량': 새로운 가치 창조하기, 긴장과 딜레마 해소하기, 책임감 가지기/2015교육과정 : 소통·협력·통융합적 인간

영을 위해서는 교사들뿐만 아니라 각 분야 전문가와의 협업이 필요하다. 학교 밖 지역의 전문가들이 학교와 교실 안으로 들어와서 교사와 함께 교육하는 일, 전문가가 있는 학교 밖 지역으로 아이들이 나가서 배울 수 있도록 이끌고 지원하는 일들이 학교교육의 중요한 일부가 된다. 혁신교육지구가 "마을을 배우고, 마을에서 배우고, 마을로부터 배우고, 마을을 위해 배운다"는 마을교육과정의 원리와 목표를 실현할 수 있도록 학교교육의 변화를 만들어내는 역할을 할 것이다.

학교 업무 구조상의 변화

사실 학교는 교육 전문기관이고, 또 교육 전문기관이어야만 한다. 하지만 현실의 학교는 교육 전문기관으로서의 자기정체성에 심대한 혼란을 겪어왔다. 이는 주로 교육부-교육청-학교라고 하는 수직적인 관료행정체계에 의해 교육보다는 행정을 중심으로 한 업무체계가 운영되는 학교 현실로부터 초래된 결과다. 그러나 그 못지않게 학교가 정체성 혼란을 겪게 된 것은 다름 아니라 교육복지사업, 방과후학교, 돌봄교실 등과 같은 교육이라기보다는 본질상 복지 성격을 띤 업무들을 마치 학교가 담당해야 할 본연의 업무인 것처럼 일방적으로 책임지우는 상황과 관련되어 있다.

학교는 정규 교육과정의 질을 높이는 데 집중하고, 그것에 대해 책임을 지는 데 집중해야 한다. 아울러 학교 안에서는 모든 아이들이 차별 없이 공평한 교육적 혜택을 받을 수 있어야 하며, 아이들 각자가 갖고 있는 다양한 차이, 특히 부모의 사회경제적 능력에서 초래되는 학습 능력과 여건의 차이가 학교교육을 통해 해소될 수 있도록 해야 할 책임이 있다. 이 점에서 학교는 저소득층 학생들에 대한 선별적 복지를 실시하는 현재와 같은 교육복지사업이 아니라 학습복지를 실현하는 데 집중해야 한다.

학교라는 공교육 안에 들어 온 사교육인 방과후학교는 교육적 의미보다 방과후 돌봄이라는 복지적 성격이 더 강해지고 있다. 아이들이 정규 교육과정에서 경험하지 못하는 다양한 교육적 혜택을 받도록 하는 것은 필요한 일이다. 그러나 그것이 학교 본연의 역할을 방해하고, 정규 교육과정에 지장을 주는 방식으로 이루어져서는 곤란하다. 학교라는 이름 때문에 교육적 성격이 더욱 두드러져 보이는 방과후학교와 달리 돌봄교실이야말로 가장 전형적이고 직접적인 아동복지 사업이다.

그런데 지금까지 이 모든 일들이 정규 교육과정을 책임져야 하는 교사들의 업무가 되고 있다는 것이 심각한 문제다. 즉 교사들이 교육복지사업을 위해 저소득층 아이들의 방학 중 반찬까지 챙겨줘야 하고, 방과후학교 강사 채용과 관리 및 강사비 정산까지 해야 하며, 돌봄교실 운영을 위해 교실을 비워주고 관련된 행정 업무까지 처리해야 하는 것은 학교를 교육 전문기관이 아니라 복지전담기관으로 변질시키는 일이다. 이런 일들을 담당하는 교사들이 어떻게 수업혁신과 생활교육에 전념할 수 있겠는가! 이러한 일들이 학교로 들어올 때 단 한 번이라도 그것이 학교교육에 미치는 영향을 점검하고, 제대로 된 학교구성원들과 협의를 거친 적이 있던가.

우리 사회에서는 너무나 오랫동안 학교가 사회적 요구의 일방적 해소구 역할을 담당해왔다. 방과후학교, 교육복지사업, 돌봄교실들이 학교로 들어오는 과정이 그러했고, 사회적으로 문제가 발생하면 정부나 정치권은 근본적인 해결책을 마련하는 대신에 그것을 학교교육 안에 강제적으로 부과함으로써 면피하는 방식으로 일관되게 대처해왔다.

그래서 성교육, 흡연예방교육, 정보인권교육, 학교폭력예방교육, 안전교육 등등의 이름으로 학교의 정규 교육과정을 파편화시키는 것이 너무나 당연하고 자연스러운 일이 되고 말았다. 이에 학교는 아동복지와 온갖 사회적 논란 해소를 위한 잡동사니 처리장으로 전락해 정작 정규 교육과정은 부차적인 일들로 치부되고 있는 형편이다. 이런 상황에서는 그 어느 하나 제대로 이루어질 수 없고, 마치 토하기 직전 상태가 될 때까지 꾸역꾸역 쏟아져 들어오는 일들로 인해 학교는 생명력을 잃어가는 환자처럼 되어버리고 말았다.

복지와 관련된 일들은 애초에 지자체와 마을이 감당해야 할 일들이었다. 그동안 우리 사회의 복지시스템이 미비한 상태에서 아이들에 관계되는 일들은 그것이 교육적인 일인지 아닌지에 관계없이 모두 학교에 떠넘기는 식이었고, 이제 그것은 임계점에 이르렀다. 앞으로 학교에서 제대로 된 교육이 이루어지도록 학교에 떠넘겨졌던 협의의 교육 외적 일들은 학교 밖 마을과 지자체가 담당하는 체계가 만들어져야 한다.

이는 입시중심 교육 극복과는 별개로 꼭 해결되어야 할 문제다. 이를 위해 학교와 마을이 아이들을 교육적으로 돌보는 일을 나누어 책임지고 서로 협력하는 시스템이 필요하다. 학교는 정규 교육과정을, 마을은 정규 교육과정 이후를 책임지는 분업이 체계화되어야 한다. 이는 마을의 협력으로 공교육혁신을 이루는 길이며, 혁신교육지구의 중요한 목적이기도 하다.

학교운영 방식의 변화

1996년부터 실시되기 시작한 학교운영위원회는 학생이 빠진 한계가 있음에도 불구하고 교원뿐만 아니라 학부모와 지역주민들이 협력하여 학교를 민주적으로 운영해야 한다는 것을 선언했다. 학교운영위원회는 학교를 거버넌스 실현 공간으로 만들고자 도입된 제도다.

그러나 모두가 잘 알고 있는 것처럼 학교운영위원회는 이와 같은 취지가 무색할 만큼 학교장 중심 학교운영을 승인해주는 형식적 절차 그 이상의 역할을 해내지 못하고 있다. 이는 현행 학교운영위원회의 제도적 한계도 있지만, 제도라는 그릇에 담을 주체들의 민주역량 부족으로 초래된 결과이기도 하다. 학교운영위원회가 도입된 지 이미 20년이 지났고, 그 사이 우리 사회의 민주주의 역량은 큰 성장을 거두었다. 무엇보다 학교 안에 민주적 관계와 의사결정 구조를 안착시키고자 하는 혁신학교가 전국에 1,000여 개 이상 확대되었다.

혁신교육지구는 교사뿐만 아니라 깨어 있는 학부모와 지역주민들이 학교교육의 주체로 참여함으로써 실질적인 거버넌스를 관철시킬 토대를 만들어냈다. 지역주민들로 하여금 학교 밖에서 지역 아이들을 어떻게 돌보고 성장시킬 것인지를 고민하게 하는 혁신교육지구는 학교가 지역 안에서 섬처럼 고립되어 있는 것을, 그리고 권위적 문화가 학교를 지배하는 것을 극복하게 하는 계기가 될 것이다.

다양한 형태로 이루어지는 학교와 마을의 교육적 협력은 학교와 마을 간의 새로운 관계를 만들어내고, 이들 간의 소통과 공동경험은 서로에 대해 더 많이 이해할 수 있게 할 것이며, 무관심이나 관망 혹은 제3자적 비판이 아니라 책임을 함께 나누는 협력적 관계를 가능케 할 것이다. 그 결과 형식적 기구로 전락해버린 학교운영위원회를 원래의 취지대로 복원시켜 **거버넌스** 원리가 관철되는 민주적 학교운영이 가능해질 것이다. 이는 앞서 언급했던 교육과정상의 변화와 결합되어 교육과정 운영에 학부모와 지역 전문가들이 함께 참여하는 실질적 협력교육의 기회도 넓혀줄 것이다.

교육을 매개로
지역공동체성을 되살리다

교육이 오랫동안 경쟁과 효율성의 논리에 의해 왜곡되어왔던 것처럼 지역사회 또한 공동체성이 파괴된 채 주민들이 원자화되고 정치·사회적 활동의 대상으로 객체가 되는 '구조화된 소외'의 틀에서 벗어나지 못해왔다. 이를 극복하기 위해 다양한 분야에서 시도되어온 풀뿌리 지역운동은 이제 하나의 커다란 흐름 속에서 체계화되고 재조직되어야 할 시점에 이르렀다.

교육은 공동의 요구와 참여를 이끌어내는 강력한 매개

이러한 시대적 과제를 해결하는 데는 모든 지역주민들에게 공통적인 요구와 참여를 이끌어낼 강력한 유인성을 갖는 매개가 필요하다. 그리고 그런 요건을 갖추고 있는 것 중 하나가 바로 교육이다. 지역주민들의 삶과 관련된 다양한 분야의, 다양한 의제들이 존재하지만 교육만큼 모든 이들과 관련된 의제는 드물다. 누구나 한때 학생이었고, 누구나 부모이거나 학생의 가족일 수밖에 없다. 교육만큼은 이념적 지향이나 경제적 이해관계에서 상대적으로 자유로울 수 있다. '아이들 잘 키워보자', '아이들을 행복하게 해주자'는 것에 반대할 사람들은 아마 없을 것이기 때문이다.

"마을이 학교다"라는 말 속에는 '**생활과 결합된 교육**'과 '**교육공동체로서의 지역사회**'의 개념이 모두 녹아들어 있다. 이제 학교와 지역사회가 지역 아이들을 제대로 교육하기 위해 유기적으로 역할분담을 하고 협조하는 체계를 만들어야 한다.

아이들이 잘 자랄 수 있는 환경을 만드는 것의 의미

아이들은 학교뿐만 아니라 지역사회 안에서도 배려와 존중을 받고 있다는 것을 느끼며 성장하도록 해야 한다. 마을에 아이들이 없다는 것은 오늘날 마을쇠퇴의 가장 상징적인 지표이며, 또 마을쇠퇴의 가장 직접적이고 강력한 원인이기도 하다. 어찌 보면 아이들이 잘 자랄 수 있는 환경을 마련한다는 것은 오늘날 마을공동체성 복원보다도 더 절박한 마을의 생존과 직결되는 문제이기도 하다. 혁신학교가 지역을 떠났던 아이들을 다시 불러들였던 것처럼 혁신교육지구의 성공은 아마도 그 이상의 효과를 불러올 것이다.

해체된 마을을 살리는 것은 마을사람들 간의 관계성을 회복함으로써 가능해진다. 교육이라는 공통의 문제를 함께 해결해 나가는 과정은 함께 있어도 따로따로인 사람들 사이에 공동의 경험을 만들어내고, 이 과정을 통해 서로 소통하고 이해하며 비로소 새로운 인간관계들이 만들어지는 계기가 될 것이다. 아이들의 성장뿐만 아니라 지역주민인 어른들의 성장이 학교와 지역사회가 함께 협력하는 혁신교육지구를 통해 이루어질 수 있다. 이는 곧 학교와 마을의 동시 성장, 아동·청소년과 어른들의 동시 성장이 이루어지는 **마을교육공동체 실현**으로 나아가는 것이다.

05

학교 안팎으로
민주주의가 확대되다

학교와 마을, 교육청과 지자체의 협력은 기존의 관료주의적 행정, 수동적 정책 수혜자로서의 학생과 주민의 한계에서 벗어나 지역 단위에 뿌리내린 민주주의를 확대하는 역할을 할 것이다. 혁신교육지구는 다음의 측면에서 우리 사회의 민주주의를 확대하고자 하는 민주주의 실천운동이라 할 수 있다.

교육혁신은 민주시민교육을 핵심으로 한다

혁신교육지구는 정책 자체가 교육혁신의 관점에서 제기된 것이고, 교육혁신은 민주시민교육[8]을 그 핵심으로 한다. 혁신교육지구는 그 출발부터 입시중심 경쟁교육과는 전혀 다른 교육관을 전제로 한다. 아이들을 배움의 주체, 삶의 주체로 보고 그들의 자율성을 최대한 신장시키며 민주시민으로 성장하도록 하는 것을 목적으로 한다. 민주시민교육은 지식으로서의 교육이라기보다 가치와 태도, 삶의 방식으로 체득하는 교육을 그 본질로 한다. 공교육혁신을 통해 학교 안에서 민주시민교육이 제대로 이루어지기 위한 노력도 필요하지만, 이것만으로는 부족하다. 학교 안팎에서 아이들이 **민주적인 교육 경험**을 할 수 있을 때, 비로소 삶의 방식으로서 민주주의를 배우고 체득할 수 있다. 그리고 이를 위해 학교와 마을이 협력하는 것이 바로 혁신교육지구다.

학교 밖 돌봄은 아이들을 지역의 구성원으로 인정할 때에만 의미 있게 추진될 수 있다. 이때 돌봄의 의미는 단지 아이들을 보호의 대상으로 대우하는 데 머물지 않는다. 아이들이 안전한 여건에서 자발적이고 주체적으로 생활하고 활동할 수 있도록 지역이 지원하는 것을 의미한다. 즉 혁신교육지구 정책의 기저에는 아이들에게 특정한 지식이나 기능을 습득하도록 하는 것이 아니라 아이들이 건강한 지역구성원으로 성장해 나가도록 지원해야 한다는 정신이 깔려 있다. 혁신교육지구가 학교를 혁신하고 마을을 되살린다고 할 때, 그것은 입시중심 경쟁교육에서 벗어난 아이들

---

8. 입시중심 경쟁교육이 지배하고 있는 우리나라 교육 현장에서는 사실상 실종된 듯 보이지만, 교육헌법이라 할 「교육기본법」 제2조에서는 우리나라 교육의 목적을 다음과 같이 규정하고 있다. "교육은…자주적 생활능력과 민주시민으로서 필요한 자질을 갖추게 함으로써 인간다운 삶을 영위하게 하고 민주국가의 발전과 인류공영(人類共榮)의 이상을 실현하는 데에 이바지하게 함을 목적으로 한다."

이 진정한 **민주시민**으로 자라날 수 있도록 하는 것을 의미한다. 왜 냐하면 학교 안에서의 혁신은 「교육기본법」에 명시된 민주시민 교육을 실천하는 것이며, 학교 밖 마을에서 마을구성원으로서 인 정받고, 마을의 보살핌 속에서 자라나는 아이들은 마을에 대한 애 정과 소속감을 가진 민주시민으로 성장할 것이기 때문이다. 혁신 교육지구 사업으로 청소년 자율 동아리나 청소년 자치활동 등이 강조되고 그 성과들이 점차 늘어나고 있으며 일부 지역에서는 혁 신교육지구 운영 주체로 학생과 청소년이 직접 참여하는 변화가 일어나고 있다. 혁신교육지구를 통해 아이들은 시민적 주체로 인 정받고 지역에서의 활동에 참여하게 된다. 학교 안팎에서 아이들 은 민주주의에 '대해서' 배울 뿐 아니라 민주주의를 '통해서' 배우 고, 그 결과 민주주의를 '위해서' 살아가는 사람으로 성장하게 된 다. 혁신교육지구는 지역의 아이들을 민주시민으로 성장시키기 위해 학교와 마을이 협력하는 정책이다.

출발부터 거버넌스적 민주주의 실천 방식을 택한다

정책추진의 과정과 원칙의 관점에서도 혁신교육지구는 민주주의 의 실천 그 자체다. 혁신교육지구는 학교, 마을, 교육청, 지자체 가 수직적 관계가 아닌 수평적으로 협력하는 공동주체라는 민주주의 원리에 입각해 추진되는 정책이다. 이는 **민-관-학 거버넌스**로 표현되고 있다. 학교와 마을을 살리고 아울러 아이들을 제대로 기르기 위해 협력하자는 혁신교육지구는 교육청이나 학교만의 노력으로는 실현 불가능하다. 정형화된 조직 속에 있지 않은 지역주민들이 지역에서 새롭게 만들어지는 교육돌봄체계에 참여하지 않으면 실현되기 어렵다는 뜻이다. 따라서 아이들의 자발성과 지역주민들의 자발성을 살려내는 방식으로 정책이 추진되지 않으면 일시적 전시행정의 오류를 반복한 채 끝나버릴 수밖에 없다.

교육청의 다른 혁신교육 정책들이 대부분 학교라는 기존 틀과 관계양식 메커니즘을 통해 추진되는 데 반해 혁신교육지구는 학교 울타리 밖 지역과의 관계라고 하는 유례없던 새로운 영역과 방식 속에서 이루어진다. 즉 지금까지 교육청이 해왔던 정책이나 사업들과는 전혀 다른 성격과 방식의 정책이라 할 수 있다. 이런 점에서 혁신교육지구는 출발부터 교육청과 학교라는 틀 안에 갇혀 진행되는 기존의 경직된 사업추진 관행이 작동될 여지가 상대적으로 좁다. 이와 같은 특징 때문에 혁신교육지구는 출발부터 거버넌스적 민주주의 실천 방식을 택할 여지가 상대적으로 넓어진다.

물론 혁신교육지구도 기존 관행대로 교육청이나 지자체 같은 관(官)에서 일방적으로 정책을 결정하고 교사나 지역주민들은 그 수혜자이거나 기껏해야 보조자나 말단 집행자 역할을 할 수도 있다. 그간 대부분의 정책들이 이러한 한계에서 벗어나지 못했던 게 사실이다. 그러나 이런 방식으로는 학교와 마을을 살리자는 정책의 처음 취지를 절대 살릴 수 없다. 예산이 있을 때만 반짝 운영되었다가 여러 변수에 의해 예산이 중단되면 몇 사람의 기억과 경험으로만 남는 정책이 되고 만다. 당연히 학교에도 마을에도 새로운 변화가 제대로 뿌리내릴 수 없다.

지방자치를 본격 실시한 이후에 새로운 변화들이 나타나기 시작했지만, 결코 주민을 지역문제 해결의 주체로 인정하는 데까지 발전하지는 못했다. 과거 관 중심 행정이 지역의 기득권 세력만을 위한 상차림이었다면, 지역주민들을 위한 밥상을 차리기 시작했다는 변화가 일어났다곤 해도 그 이상을 넘어서지는 못한 것이다. 아무리 몸에 좋은 친환경 식재료로 먹음직스러운 밥상을 차려도 지역주민들은 여전히 그저 한 끼 맛있게 얻어먹고 돌아가는 손님에 불과하다.

그러나 최근 몇 년 사이 우리 사회에는 소박하더라도 함께 장보고, 함께 요리하고, 함께 차린 밥상을 함께 먹는 것이 더 맛있고, 몸에도 더 좋다는 인식이 확산되기 시작하였다. 혁신교육지구는 이런 인식에 기초해 과정으로서의 민주주의를 정책추진의 주요 원칙으로 삼아 실시되는 정책이다. 아이들을 민주시민으로 길러내는 일은 그 일을 하는 이들 스스로 민주시민이 되어야만 가능하다. 민주시민교육은 내용뿐만 아니라 방법에서도 민주주의 원리가 관철될 때 그 효과가 제대로 거둬질 수 있다. 구호가 아니라 실천되는 거버넌스야말로 주민을 주체로 세우는 일이며, 권위적이고 관료주의적 행정을 민주화하는 일이다. 이렇게 추진되어야 비로소 아이들이 민주주의를 제대로 배울 수 있다.

학생은 물론 학부모들의 민주시민성을 함양한다

이상에서 언급한 두 가지 중요한 요소 외에도 혁신교육지구는 또 다른 민주주의 효과를 만들어낸다. 혁신교육지구는 개별화된 학부모가 자기 자녀에게 투영하는 욕구가 아니라 지역 전체 아이들의 성장에 대한 공동의 욕구를 묶어내고 이를 실천하는 정책이다. 따라서 사교육을 통해 '내 아이만' 더 잘하게 하겠다는 학부모의 욕구는 '우리 아이들에게' 필요한 것들을 찾는 한층 건강하고 공적 성격을 갖는 욕구로 전환될 수 있다.[9]

혁신교육지구 실천의 확대는 학부모들에게 자녀를 통해 형성된 교육관을 객관화시키고 우리 아이들 문제해결을 통해 내 아이의 문제도 해결할 수 있다는 것을 인식하게 만드는 계기가 될 것

---

9. "부모는 멀리 보라 하고, 학부모는 앞만 보라 합니다./ 부모는 함께 가라 하고, 학부모는 앞서 가라 합니다./ 부모는 꿈을 꾸라 하고, 학부모는 꿈을 꿀 시간을 주지 않습니다."는 공익광고는 철저하게 사적 영역에만 묶여 있는 학부모들의 관점이 갖는 한계와 그것이 극복되었을 때를 극명하게 대비시켜 보여준다.

이다. 우리나라 교육혁신의 커다란 걸림돌 중 하나가 바로 자기 자녀의 성취에만 매몰되기 쉬운 학부모들의 욕구와 인식이라는 점에서 혁신교육지구는 학부모의 인식 전환에도 커다란 기여를 할 것이다. 그리하여 혁신교육지구는 학부모들의 민주시민성을 함양하는 데도 중요한 역할을 한다.

혁신교육지구는 공적 재원으로 값싼 학원, 값싼 놀이 혜택을 확대하려는 데 목적이 있는 것이 아니며, 학교와 마을이 협력하여 학교 안에서도 학교 밖에서도 우리 아이들이 민주시민으로 성장하여 지역의 건강한 구성원으로 자리 잡을 수 있도록 하려는 데 있다. 사적 영역에 맡겨졌던 아이들의 삶을 공적으로 돌보는 체계를 만드는 것 자체가 실은 민주주의의 확대다. 왜냐하면 그것은 모든 아이들의 인권을 보장하는 일이며, 아이들의 삶의 질을 높이고, 부모의 사회경제적 능력의 차이로 인한 차별을 해소하는 길이기도 하기 때문이다. 나아가 이러한 **마을교육돌봄체계**를 민주적인 방식으로 기획하고 운영함으로써 한층 더 적극적인 민주주의를 실천하는 것이다. 따라서 혁신교육지구는 지역에 뿌리를 내리는 민주주의 확대운동이라 할 수 있다.

혁신교육지구의
운영과 지원

"

앞선 장에서 우리나라에 혁신교육지구가 등장한 배경과 함께 혁신교육지구란 무엇인지 마을교육공동체로서의 성격과 존재 의의를 살펴보았다. 혁신교육지구는 단순히 예산을 지원하는 정책이 아니라 그 기저에는 지역사회의 아동·청소년들이 건강한 지역구성원으로 성장해 나가도록 공공적으로 지원해야 한다는 정신이 깔려 있다. 이제 이러한 혁신교육지구가 원활히 운영되기 위해 필요한 조건에 대해 살펴볼 것이다. 즉 어떤 주체에 의해 운영되고, 예산은 어떻게 운영·책정되어야 하며, 아울러 어떤 제도적 지원이 뒷받침되어야 하는지에 관해서다.

"

혁신교육지구의
운영 주체는?

혁신교육지구는 아이들 교육을 위해 학교와 마을, 교육청과 지자체가 협력하여 **마을교육공동체**를 구축하는 일이다. 따라서 혁신교육지구 정책의 운영 주체는 학교와 마을, 교육청과 지자체가 **공동운영 주체**가 된다. 그러나 공동운영 주체가 되는 거버넌스적 방식은 아직 그 축적된 경험이 일천하고, 무엇보다 전혀 다른 방식으로 살아오거나 일해온 각기 다른 주체들이 협업해야 한다는 점에서 때론 갈등과 불신이 불거지기도 하고, 많은 시행착오를 겪으면서 발전하는 과정 중에 있다.

기획부터 평가까지 함께 진행하고 함께 책임지는 체계

더욱이 혁신교육지구는 민-관-학 거버넌스를 중요한 기본운영 원리로 삼고 있기 때문에 조직체계상으로도 이들이 함께 참여하는 거버넌스 기구[10]를 통해 중요한 정책 방향을 논의하여 결정한다. 거버넌스 실천 자체가 아직 초기단계이며, 지역마다 거버넌스 발전 정도에서도 차이가 있다. 서울의 경우에는 자치구별, 경기도의 경우에는 산하 시 단위에서도 동일한 원리에 의해 거버넌스 기구가 조직되고,[11] 지역 차원의 혁신교육지구 사업을 논의하여 집행한다. 지역에 따라 차이는 있지만 사업별 혹은 주체별로 구성된 단위들이 결합한 '실행추진협의회'나 '실행추진단'을 구성하여 사업을 직접 기획하고, 예산을 수립·배분·집행하며, 평가도 함께 진행한다. 기획에서부터 평가까지 함께 진행하는 것을 원칙으로 하므로 책임도 함께 나누어지게 된다.

거버넌스 경험이 전무했던 행정 초기의 시행착오

하지만 민·관·학 거버넌스 원리가 정책 초기부터 원활하게 작동된 것은 아니다. 실질적인 거버넌스 경험이 거의 전무하다시피한 상황도 한 원인이지만, 초기에 교육청 정책으로 추진되고 교

---

10. 서울의 경우 서울시 차원의 서울형혁신교육지구운영위원회가 구성되어 운영되고, 경기도의 경우 도 단위로 혁신교육지구 정책을 운영하는 거버넌스 기구가 구성되어 있지는 않다.
11. 경기도의 경우에는 지역교육협의회, 서울의 경우에는 자치구혁신교육지구운영협의회

육청과 지자체(서울의 경우 서울시, 자치구/경기도의 경우 참여하는 시[12]) 예산으로 추진되는 상황으로 인해 행정·재정적 업무 주관을 관 중심으로 진행할 수밖에 없었다. 또한 출발부터 전 지역에서 동시에 실시되는 방식이 아닌 정책 취지에 공감하는 지역의 자발적 참여에 의해 진행될 수밖에 없어서 공모형식을 띠게 되었고, 이로 인해 초기에는 관 중심성이 더 강하게 작동되었다.

지역별로 점차 새롭게 시도되는 협치 방식들

여전히 혁신교육지구 정책의 행·재정적 사무 처리는 교육청(교육지원청)과 서울시, 자치구(경기도의 경우 ○○시)가 담당하는 구조이지만 운영위원회나 교육협의회에 교육청(교육지원청), 자치구(○○시)와 교사, 시민단체, 학부모, 지역주민들이 참여하고 이들의 자생적 역량이 성숙되어가면서 혁신교육지구 관련 업무를 함께 나누는 새로운 방식들이 시도되고 있기도 하다.

① 서울형혁신교육지구의 운영체계

그림 1-2는 서울형혁신교육지구의 운영체계를 나타낸다. 예를 들

---

12. 경기도는 도 차원의 협력이 이루어지진 것이 아니므로 서울의 서울시 예산에 상응하는 경기도 예산이 포함되어 있지 않다.

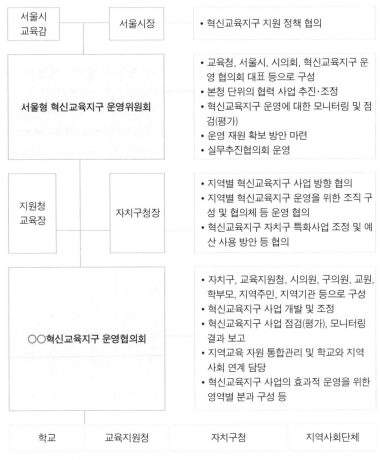

서울시 교육감	서울시장	• 혁신교육지구 지원 정책 협의
서울형 혁신교육지구 운영위원회		• 교육청, 서울시, 시의회, 혁신교육지구 운영 협의회 대표 등으로 구성 • 본청 단위의 협력 사업 추진·조정 • 혁신교육지구 운영에 대한 모니터링 및 점검(평가) • 운영 재원 확보 방안 마련 • 실무추진협의회 운영
지원청 교육장	자치구청장	• 지역별 혁신교육지구 사업 방향 협의 • 지역별 혁신교육지구 운영을 위한 조직 구성 및 협의체 등 운영 협의 • 혁신교육지구 자치구 특화사업 조정 및 예산 사용 방안 등 협의
○○혁신교육지구 운영협의회		• 자치구, 교육지원청, 시의원, 구의원, 교원, 학부모, 지역주민, 지역기관 등으로 구성 • 혁신교육지구 사업 개발 및 조정 • 혁신교육지구 사업 점검(평가), 모니터링 결과 보고 • 지역교육 자원 통합관리 및 학교와 지역사회 연계 담당 • 혁신교육지구 사업의 효과적 운영을 위한 영역별 분과 구성 등

학교	교육지원청	자치구청	지역사회단체

※ 2018 서울형 혁신교육지구 기본 계획(2018. 1)

그림 1-2 **서울형 혁신교육지구 사업운영체계**

면 교육(지원)청에 교사들이 연구년제교사로 나가 각 지역 혁신교육지구 사업에 결합하거나, 지역 시민단체들의 협의하에 자치단체장의 교육(특별)보좌관으로 들어가 사업실무 전반을 이끄는 역할을 하거나, 자치구 내부에 사무국이나 혁신교육지구 관련 센터[13]에 지역 시민단체 활동가나 지역주민이 직접 참여하는 방식으로 **협치**를 강화하기 위한 다양한 실험들이 이루어지고 있다. 서울은 서울시-자치구 범위에서 혁신교육지구 추진을 위한 나름 일관된 체계를 갖추고 정책이 이루어지고 있다. 각 자치구에 따라 교사분과, 학부모분과, 청소년분과 등의 형태로 주체별 분과를 기본으로 하는 경우도 있고, 사업별로 사업단을 꾸려 운영하는 경우도 있다. 이와 별개로 최근에는 서울 전역 차원에서 주체별 네트워크를 구성하는 움직임도 진행 중이다.

② 경기도 혁신교육지구의 운영체계

경기도는 도 차원에서는 도교육청 혁신교육지구 자문단, 지원단, 실무협의회가 운영되고, 산하 시 단위에서는 지역교육협의회(교육지원청, 지자체, 학부모, 시민단체, 교직원으로 구성)가 운영되고 있다. 이와 별도로 마을교육공동체기획단이 독립 부서로 신설되어 혁신교육지구와 큰 틀에서 같은 취지로 진행되는 '**꿈의학교**' 사업이 진행되고 있다. 경기도는 2011~2015년을 혁신교육지구 시즌 1, 2016~2021년을 혁신교육지구 시즌 2로 설정하고 정책을 추진하고 있다.

---

13. 서울의 경우 그 명칭은 지역에 따라 다양하다. 예컨대 도봉구는 도봉혁신교육지원센터, 구로구는 온마을교육지원센터이며, 활동 면에서도 지역적 특성이 반영되어 다소 차이가 있다.

표 1-1 혁신교육지구 시즌 1과 혁신교육지구 시즌 2 비교

혁신교육지구 시즌 1(2011년~15년)	혁신교육지구 시즌 2(2016년~21년)
교육청과 지자체, 지역사회의 협력적 거버넌스 체제 구축	학교, 마을, 지역, 주민이 소통과 협력으로 지역교육공동체 구축
한 학교 예산지원으로 학교자체 프로그램사업 중심	지역교육인프라 발굴·연대·활용체제 구축 "학교 밖 학교"운영 모델 추진 (지역돌봄, 꿈의학교, 학교 밖 청소년)
학교 혁신을 위한 다양한 인력지원 (상담사, 사서, 혁신교육지구 전담직원 등)	교육 자원봉사자 및 교육기부자의 역량 강화를 통한 교육활동 지원
공모에 의한 일부 지역 지구 지정(광명, 구리, 시흥, 오산, 안양, 의정부)	협상에 의한 희망지역 지구 지정(광명, 구리, 시흥, 오산, 안양, 의정부, 군포, 부천, 안산, 화성)

※ 경기도교육청 혁신교육지구 시즌 2 안내 자료(2017. 4. 27.)
  자료 작성 이후 2018년 3월까지 사업에 참여하는 지역이 추가되어 현재는 15지구다.

표 1-1은 혁신교육지구 시즌 1과 혁신교육지구 시즌 2를 간단히 비교 정리한 것이다. 2016년 이후 추진되고 있는 경기도 혁신교육지구 시즌 2의 주요 사업은 72쪽의 표 1-2와 같다.

경기도에서는 혁신교육지구 정책이 시즌 2로 지속되고 있고, 지역교육공동체 구축이라는 정책 목적을 위해 추진되고 있다. 그런데 혁신교육지구는 도교육청 학교정책과 산하 전담팀에서 담당하고, 팀보다 상위단위인 마을교육공동체기획단이 신설되어

표 1-2 경기도 혁신교육지구 시즌 2 주요 사업

과제	추진 내용
지역사회 배움터 및 교육 자원 발굴	전문 연구년제 교사 운영, 초중고 교육과정 연구회 운영
교육협력체제 구축	지역교육협의회 운영, 혁신교육지구 전담팀 운영
혁신교육지구 지원체제 운영	혁신교육지구 자문단 운영, 혁신교육지구 지원단 운영, 혁신교육지구 실무협의회 운영
혁신교육지구 사업 질관리	혁신교육지구 운영 컨설팅, 모니터링 및 컨설팅 실시, 전담팀 및 지자체 담당 워크숍
혁신교육지구 역량 강화 지원	혁신교육지구 학교장 간담회, 리더 양성을 위한 직무연수
학교 밖 학교 시범 운영	학교 밖 학교운영 모델 구축TF, 학교 밖 학교 시범 운영
혁신교육지구 성과 공유 및 확산	혁신교육지구 교육주체 간담회, 혁신교육지구 운영 평가, 혁신교육지구 자체평가, 성과 공유 및 우수사례 보급, 혁신교육지구 유공자 표창

※ 경기도교육청 '2016년 혁신교육지구 시즌 2 운영 계획'(2016.2)

주로 **'꿈의학교'** 사업을 담당하는 체계로 되어 있어 2015년 이후에는 지역과 협력하는 경기도 사업은 주로 '꿈의학교' 사업에 집중되어 있음을 알 수 있다. 그러나 도교육청 내부 체계의 이와 같은 상황에도 불구하고 경기도 역시 지속적으로 마을교육공동체 구축을 위한 지역 협력사업을 적극 추진하고 있으며, 전체적으로 나름의 진화를 하고 있다고 여겨진다.

③ 그 외 지역의 운영체계

전북 정읍에서는 교육지원청이 중심이 되어 2013년부터 칠보지역의 3개 초등학교와 1개 중학교 학생들을 대상으로 교육지원청, 지자체, 마을주민들이 협력하여 **칠보학당**이라는 마을 방과후 지원센터를 운영하고 있고, 교육지원청과 지역 시민단체가 협력하여 대흥초등학교 방과후학교를 운영하는 사례가 만들어졌다. 완주 고산지역에서는 2017년 교육지원청이 주도하여 지역주민, 지역 시민단체와 협력하여 **고산 풀뿌리교육지원센터**를 만들어 방과후와 방학 중 돌봄 위탁운영, 중학교 진로 협력교육 등 지역 내 학생들에 대한 공적 돌봄체계를 구축하기 위해 본격적으로 노력하고 있기도 하다.

이처럼 지역마다 그 규모나 방식에서의 차이는 있다. 하지만 혁신교육지구(마을교육공동체 구축 사업 혹은 지역 협력교육 사업)가 진행되고 있는 곳에서는 학교와 마을, 교육청과 지자체가 공동주체가 되어 지역 아이들 교육과 돌봄을 함께 해결하려는 구체적 노력들이 이루어지고 있다는 점에서 공통점을 갖는다.

정책예산,
어떻게 책정하고 운영할 것인가?

혁신교육지구 예산은 지역마다 그 규모나 기관별 부담비율 면에서는 차이가 있다.[14] 하지만 정책에 소요되는 예산은 공통적으로 교육청과 지자체에서 책정되어 운영된다.

혁신교육지구는 공적 자금으로 추진되는 사업이다

혁신교육지구는 세금이라는 공적자금으로 운영되는 정책이고 따라서 **공공적 성격**을 띤다. 학교와 마을이 협력하여 지역 아이들을 위한 교육적인 돌봄체계를 구축하여 마을교육공동체를 만드는

---

14. 지방마다 학생 수나 지자체 재정 여건이 다르고, 대도시형인지 농산어촌형인지에 따른 차이도 있어 예산 규모나 교육(지원)청과 지자체가 부담하는 예산비율에 편차가 큰 편이다. 이는 혁신교육지구가 지역의 특색과 여건에 뿌리를 두어 추진되는 정책이라는 특성에서 비롯된 결과이기도 하다.

일은 혁신교육지구 정책을 통해 비로소 자생적 풀뿌리운동이나 예산 일부를 관으로부터 '지원받는' 단계를 넘어서 전면적으로 공공적 성격을 갖게 되었다.

서울의 경우 혁신교육지구 예산은 기존 지자체 예산 중 학교에 지원되던 교육경비보조금과는 별도의 예산으로 책정되어 정책이 추진되었다. 그러나 앞서 혁신교육지구 정책 등장배경에서도 언급한 것처럼 혁신교육지구 정책은 기존 지자체 교육예산의 성격과 집행 방식에 대한 비판적 문제의식에서 비롯된 측면이 있다. 또한 서울 전체 25개 자치구 중 3개 자치구(강남, 송파, 중랑)를 제외한 나머지 22개 자치구가 모두 혁신교육지구로 운영되고 있다는 점에서 혁신교육지구는 일시적인 사업이 아니라 서울 전역에 일반화된 사업이며, 따라서 지자체 기본정책 사업이라는 보편적 성격을 갖는 것으로 인식해야 한다.

현행 혁신교육지구
예산배분 방식에 대한 근본적인 재검토 필요

아울러 혁신교육지구가 향후 지자체와 마을의 아동·청소년 복지의 중요한 부분으로 자리매김 되어야 한다는 점에서 현재 지자체 교육예산의 극히 일부가 혁신교육지구 예산으로 배분되는 것에 대해서는 근본적인 재검토가 있어야 할 것이다. 즉 지역의 아동·청소년 복지예산의 주요 부분이 마을교육돌봄체계를 만드는 혁신교육지구에 투여되는 것으로 전환될 필요가 있다.

표 1-3은 서울에서 대표적으로 진행되고 있는 서울형혁신교육

표 1-3 서울형 혁신교육지구 연차별 예산 추이

연차		예산
2013~2014년 (사업기간 2년)		• 2013년 : 서울시교육청 30억, 구로구 18억, 금천구 1억 • 2014년 : 서울시교육청 10억, 구로구 6억, 금천구 4억 　※ 2014년 서울시 교육우선지구 선정 운영 • 8개 자치구 3억 지원, 3개 자치구 1억 지원, 총예산 27억
2015~ 2016 년	2015년 (사업기간 2년)	혁신지구형(7개, 자치구별 20억) ※교육청 7.5억+서울시 7.5억+자치구 5억 우선지구형(4개, 자치구별 3억)
	2016년 (사업기간 1년)	혁신지구형(12개, 자치구별 15억) ※교육청 5억+서울시 5억+자치구 5억 우선지구형(4개, 자치구별 10억) 기반구축형(4개, 자치구별 3억)
2017~2018 (사업기간 2년)		지구별 운영 예산 : 11억원대~17억원대 (신규는 4억원) 　※ 유형 구분 폐지, 22개 자치구 운영(신규: 서초, 용산)

※ '서울형혁신교육지구 운영 기본계획' 가운데

지구 정책 실시 연차에 따른 예산 추이를 나타낸 것이다. 물론 이 표에서 제시된 예산은 공식적으로 배부되는 최소 예산의 기준을 의미한다. 따라서 자치구마다 이 사업의 비중에 대한 의미 부여와 판단이 다르고, 따라서 훨씬 더 많은 액수의 자체 예산을 편성하여 집행한 자치구도 있다는 점을 참고할 필요가 있다.

어떤 제도적 지원이
필요한가?

혁신교육지구는 기존 교육정책과는 그 성격을 달리하는 정책으로 우리나라 역사상 처음 경험하는 교육정책인 동시에 아동·청소년 복지정책이다. 모든 새로운 정책들이 비슷한 한계를 안고 시작되지만, 혁신교육지구가 갖는 이와 같은 특성으로 인해 정책에 참여하는 당사자들은 물론 정책 입안을 담당했던 초기 주체들조차 정책에 대한 전반적인 상과 비전 그리고 이론과 철학적 기초가 충분치 못하다는 한계를 안고 있다.

따라서 혁신교육지구의 성공을 위해서는 이러한 한계를 과정 속에서나마 실천적으로 해결하기 위한 구체적인 지원 방안이 무엇보다 중요해진다.

혁신교육지구가 전국으로 확산되고 있는 추세이기는 하지만, 아직 전국에서 전면적으로 실시되고 있지는 못하며 교육부나 중앙정부 차원의 정책으로 추진되고 있는 것은 아니다. 물론 서울의 경우 3년이라는 짧은 기간에 전체 25개 자치구 중 22개 자치구에서 실시되고 있어 일반화된 정책이라고 볼 수 있지만, 이는 아직까지는 예외적인 경우에 해당된다.

혁신교육지구 정책은 진보교육감 출현 결과 추진된 교육혁신 정책 일환으로 시작되었고, 초기에는 상대적으로 진보적인 지자체장이 있는 곳들의 적극적인 호응에 힘입어 추진되었다. 이와 같은 배경을 감안하면 혁신교육지구 정책은 많은 경우 교육감이나 지자체장의 성향에 의존하는 바가 크기 때문에 **정책 안정성이 취약**하다고 볼 수 있을 것이다. 즉 선출직 수장들이 교체될 경우 정책의 지속성을 담보하지 못하는 사태가 발생할 수 있다는 뜻이다.

실제로 서울의 경우 이미 혁신교육지구 정책이 확정되고 난 이후인 2012년 12월 교육감이 전격 교체되는 바람에 정작 실제 정책이 실시된 2013~2014년에는 정책 입안 주체였던 교육청의 협조 없이 혁신교육지구가 실시된 바 있다. 또한 중구와 서초구의 참여에도 불구하고 서울 25개 자치구 중 혁신교육지구 정책을 실시하지 않고 있는 3개 구(區)가 강남, 송파, 중랑이라는 점은 시사하는 바가 적지 않다.

정치적 상황에 지나치게 의존하게 되는 방식이 갖는 문제점을 해소하기 위해서는 정책의 안정성과 지속성을 담보하기 위한 **법적 근거**가 마련되어야 한다. 혁신교육지구가 실시되고 있는 지역에서는 광역이나 기초자치단체 차원에서 조례가 제정되기 시작했다. 현재 서울시와 서울시교육청, 노원, 성북 등 서울시 기초자치단체에서 시작하여 다른 자치구로 혁신교육지구 관련 조례 제정이 확산되고 있다. 이는 기초단체 차원에서 법적 근거를 확보하기 위한 노력들이지만, 한층 더 안정성을 확보하려면 전국 차원에서 통일적으로 적용될 수 있는 가칭 「혁신교육지구지원법」 혹은 「마을방과후활동지원법」 형태로 법적 근거가 마련될 필요가 있다.

혁신교육지구를 실시하고 있는 시·도교육청에서는 혁신교육지구 정책(경기도의 경우에는 마을교육공동체기획단 사업까지 포함)을 전담할 독립적인 부서를 별도로 신설하거나 전담팀을 만들어 정책 전문성을 높이고, 사업 안정성을 확보하기 위한 노력을 하고 있다. 또한 서울과 경기도의 경우 지역 협력교육에 대한 이해나 관심이 높은 교사를 선발하여 교육청에서 혁신교육지구를 담당하는 부서나 팀에 결합할 수 있도록 하는 인적 지원 방안을 마련해 운영하고 있기도 하다.

혁신교육지구는 참고할 만한 선례가 국내외 모두 거의 없다. 따라서 혁신교육지구 정책에 직접 관계하는 이들이 스스로 길을 만들어 나아가야 한다. 또한 혁신교육지구 정책 본래의 추진 원리인 민주적 운영 방식이라는 측면에서 볼 때도 정책 기획 및 실행과정에 관계되는 당사자들이 수평적 연대와 경험·정보의 교류, 숙의적 토론 등을 통한 상호 학습과 상호 지원이 절대적으로 요청된다. 서울을 비롯한 많은 지역에서 다른 정책과 비교해 혁신교육지구 관계자들 간 상호 컨설팅, 워크숍, 평가 등이 빈번한 것도 이러한 맥락에서 이해될 필요가 있다.

특히 행정적 실무를 담당하고 전반적 상황에 대한 전망을 가져야 적절한 지원책을 도출해낼 수 있는 교육(지원)청이나 지자체 담당자들의 경우에는 정책 이해를 위한 집중적이고 지속적인 학습이 더욱 필요하다. 교육청에서도 교육청 담당자 연수나 정기적 협의회를 추진하면서 이를 지원하고 있다.

경기도교육청과 시흥시가 함께 경기혁신교육지구 정책을 추진해 학교와 지역민
모두의 신뢰를 받으며 공교육혁신을 도모하는 교육지구를 탄생시켰다. 시흥시의
혁신교육지구는 자아를 성취하는 창의적인 민주시민을 양성한다는 모토로 다양
한 교육사업을 운영 및 추진하고 있다. 운영 주체는 경기도시흥교육지원청, 시흥
시, 학부모단체, 시민사회단체, 교직원대표로 구성된 '지역혁신교육협의체'이고,
운영에 필요한 인력 및 재원은 교육청과 시흥시가 협약에 의해 공동 투자하고 있
다. 교육정책 사업과 지자체의 교육특성화 사업에 대해서는 지역교육공동체를
구축해 건설적인 행·재정적 협력의 모델을 창출하고, 궁극적으로 지역주민에게
신뢰받는 공교육혁신에 기여함을 그 목적으로 하고 있다. 2부에서는 시흥시 혁신
교육지구의 탄생과 전개해온 과정 그리고 시흥행복교육센터를 중심으로 한 혁신
교육지구 사업의 성공적 운영 사례들을 살펴보고자 한다.

PART 02

현장탐방 ①
시흥시의 혁신교육지구

꿈의 허브로 성장해가는
행복한 마을학교

by 안선영

시흥시는
행복교육지원센터를
중심으로
성공적인 혁신교육지구
운영을
진행하고 있다면서요?

네,
교육거버넌스와 운영 실례를
살펴보는 것은
경기도 혁신교육지구를
이해하는 데
도움이 될 것입니다.

2부에서는
혁신교육지구가
어떻게 운영되고 있는지
시흥시의 사례를 통해
살펴볼 것입니다.

아울러 앞으로 혁신교육지구를
발전시키는 데
의미 있는 아이디어를
제공해줄 것입니다.

CHAPTER 01

시흥시 혁신교육지구의 탄생

"
2009년, 진보성향의 김상곤 교육감이 처음으로 당선되었다. 이와 함께 경기
도에도 무상급식과 혁신학교의 바람을 타고 교육혁신의 분위기가 고조되기
시작했다. 2010년 6월 지방선거에서 마침내 김상곤 교육감이 다시 당선되면
서, 본격적으로 지역사회와 교육청 그리고 학교가 교육거버넌스, 즉 교육협
치를 통해 새로운 교육 모델을 구축하고, 공교육을 혁신하며, 보편적 교육복
지를 실현하고자 하는 큰 계획이 완성되었다. 바로 혁신교육지구다. 이 장은
경기도에 불어온 교육혁신의 바람과 시흥시가 혁신교육지구로 선정되기까
지의 이야기를 담고 있다.
"

01

경기도 혁신교육지구는
어떻게 시작되었나?

현재 시흥시는 교육거버넌스 구축을 통해 다양한 학교 혁신사업을 벌이고 있다. 특히 다른 지역에도 성공적인 모범사례로 종종 언급되는 교육플랫폼인 **행복교육지원센터**를 중심으로 지역사회와 교육청, 학교가 생산적인 협력 모델을 구축하고 있다.

나아가 일선 학교에 상담사와 독서토론지도사, 수업협력교사, 행정실무사 등을 적극 활용해 교사가 교육활동에 집중해 수업의 질을 높이고, 학교가 교육 전문기관 본연의 기능을 회복하도록 적극 지원하는 노력을 해왔다. 그 밖에도 다양한 **마을축제**와 도서관 운영 등 지역사회의 교육·문화 발전에 적극 노력하고 있다.

이런 일련의 성과를 이뤄낸 시흥시가 앞으로 더욱 도약하기 위해 처음 혁신교육지구로 선정되기까지의 과정을 돌아보는 것도 의미가 있을 것이라고 생각한다. 그래서 지금부터 시흥시가 혁신교육지구로 지정되기까지의 과정을 간단히 살펴보려 한다.

무상급식, 혁신학교의 이슈를 타고
불어온 교육혁신의 바람

나는 동네 카페에서 경기도교육청에서 혁신교육지구 기본계획을
만든 백성렬 사무관을 만났다. 그는 혁신교육에 반해 자녀를 혁
신학교에 입학시키려고 시흥시로 이사까지 왔을 정도로 혁신교
육의 열성 팬이다. 다음은 사무관이 기억을 더듬어 들려준 이야
기를 내 나름대로 정리한 것이다.

2010년 6월 2일 제5회 전국 지방선거부터 교육감직선제가 본격
적으로 시작되었다. 하지만 경기도교육청의 경우 간선제로 선출
되었던 교육감의 임기는 2009년 4월 초까지였다. 그래서 2010년
지방선거까지 약 1년 2개월 임기를 채울 경기도교육감 보궐선거
가 2009년 4월 8일에 실시되었고, 경기도에서 처음으로 민선교육
감이 선출되었다. 당시 당선자였던 김상곤 교육감(현 교육부장관,
사회부총리)은 1년여 동안 교육감 직을 수행하며 무상급식과 혁신
학교라는 이슈를 만들어냈다. 이는 2010년 6.2 지방선거에도 엄
청난 영향을 미치게 되었는데, 투표권을 가진 사람들 사이에서
'김상곤'이라는 이름은 몰라도 '무상급식'이라는 말은 들어봤다고
할 만큼 무상급식은 엄청난 사회적 반향을 일으켰다.
　　무상급식과 **혁신학교**는 2010년 6.2지방선거 당시 김상곤 교육감

후보의 핵심공약이었고, 호응도 대단했다. 사실 선거에 출마한 후보라면 정당을 떠나 누구라도 교육과 관련한 공약을 내건다. 당시 교육이 교육청만의 일이 아니라 지자체와의 협력이 필요하다는 생각을 갖고 있던 많은 경기도교육청 교육협력 업무 담당자들은 자치단체장 후보들의 선거공약집을 분석해 후보들의 교육에 관한 관심과 의지를 확인한 바 있다.

지자체도 교육의 중요성에 대한 인식이 같으니 경기도교육의 방향에 동의하는 지자체와는 함께 갈 수 있겠다는 판단을 했단다. 그래서 선거가 끝나면 바로 '자치단체장 당선자 모임'을 추진하면 좋겠다는 생각을 하게 되었다고 한다.

지자체를 교육파트너로, '혁신교육지구'의 탄생

여러 우여곡절이 있었으나, 드디어 2010년 6월 2일 김상곤 교육감이 4년의 임기를 보장받는 당선인이 되었다. 비로소 교육에 대한 소신을 제대로 펼쳐볼 만한 시간을 확보하게 된 것이다.

선거 후 바로 자치단체장 당선인 모임이 추진됐다. 선거가 종료된 지 불과 20여일만인 6월 23일에 **교육청-지자체 간 교육협력에 관한 설명회**를 개최했고, 여기에 31개 시·군 당선자들이 참석했다. 지자체가 교육협력에 관한 제안에 선뜻 응한 이유는 지자체가 그동안 써왔던 교육경비의 사용 방식이 이제는 달라져야 한다는 인식을 함께했기 때문이다.

6월 23일에 열린 '당선인 간담회'는 경기교육 전반에 대한 설명회 형식으로 진행이 되었다. 지자체에게 단순한 돈줄 역할이 아닌 **교육파트너**로서의 역할을 요구하는 자리였다. 또한 지역의 특색을 살리면서도 혁신교육의 방향에 맞게 교육경비보조금을 사용할 수 있는 방안에 대한 논의가 진행되었다. 그 자리에서 화성시는 교육특구 또는 유사한 형태의 지구 지정에 관한 의견을 제시하기도 했다.

경기도만의 새로운 교육협력 방식에 대한 본격적인 고민이 시작되었고, '**교육혁신지구**'라는 이름이 처음 거론되었다. 지역 내에서 교육과 관련된 사람들과 단체들이 모여 지역의 특색을 살린 교육을 실현해보자는 것이 핵심이었고, 여러 가지 의견을 토대로 '교육혁신지구'에서 '**혁신교육지구**'로 이름을 변경하고 경기도교육청 차원에서 구체적인 계획안 작성에 들어갔다.

예산확보에 대한 걱정이라든가 지자체가 교육에 대한 요구에 부응을 해줄지 여부 등은 여전한 고민거리였다. 혹시 이 계획이 그저 이상(理想)으로만 그치지 않을까 하는 우려도 있었다. 하지만 재원과 관련 규정 마련은 행정직이, 프로그램은 교사와 장학사들이 집중적으로 고민했고, 그러한 모든 과정이 직이 다른 사람들 간에 동의를 이끌어내는 과정이 되기도 했다.

무엇보다 흔들림 없이 **교육거버넌스**의 필요성을 주장하며, 이 일을 뚝심 있게 추진한 김상곤 교육감의 의지도 매우 중요하게 작용했다. 이러한 과정을 거치며 경기도교육청 기획담당관에 파견교사로 근무 중이던 선생님의 최종 검토로 기본계획이 완성되었다. 이 기본계획안에서는 혁신교육지구를 다음과 같이 정의한다.

> 경기도교육청과 경기도 내 기초 지자체가 협약을 통하여 경기혁신교육 정책을 추진함으로써 모두에게 신뢰받는 공교육혁신을 이루는 교육감과 지자체장이 지정한 시·군 또는 시·군의 일부 지역(구역)을 의미하며, 또한 '지역혁신교육협의체'를 조직하여 운영하고, 이에 필요한 인력 및 재원은 협약에 의해 교육청과 기초 지자체가 공동 투자하는 협력 사업

그리고 목적은 다음과 같이 명시하고 있다.

> 경기도교육청의 주요 정책인 혁신교육을 적극적으로 추진하기 위해 교육감이 기초 지자체와 협력하여 '혁신교육지구'를 지정하여, 경기도교육청의 교육정책 사업과 지자체의 교육특성화 사업에 대해 지역교육공동체 구축을 통한 건설적인 행·재정적 협력의 모델을 창출하고, 궁극적으로 지역주민에게 신뢰받는 공교육혁신에 기여함.

이상의 정의와 목적만으로도 왜 혁신교육지구를 추진하고자 했

으며, 어떤 가치를 지향하고 있는지를 충분히 짐작할 수 있을 것이다. 경기도교육청에서 제시한 혁신교육지구가 지향하는 방향을 정리하면 다음과 같다.

★ 새로운 교육협력 모델 구축
- 지역사회 혁신교육협의체 설치·운영
- 지역 교육 발전을 위한 의제 개발

★ 공교육혁신 모델 구축
- 혁신교육 활성화 사업
- 위기학생 지원센터 설치

★ 미래역량의 인재육성
- 교육과정 특성화 사업
- 다양한 방과후학교 지원 및 학교도서관 활성화(작은도서관) 사업

★ 보편적 교육복지 실현
- 무상급식 실현
- 유·초 방과후 edu-care 사업 지원
- 초등 돌봄교실 운영
- 평생교육 지원

혁신교육지구 선정을 위한
시흥시의 치열한 노력

드디어 2010년 9월 16일, 31개 지자체와 25개 교육지원청을 대상으로 혁신교육지구 사업설명회가 열렸고, 경기도 80% 이상의 지역에서 이 설명회에 참석했다. 처음 혁신교육특구를 제안했던 화성시는 부시장이 직접 설명회에 참석하는 적극적인 모습을 보이기도 했다. 공모를 통해 선정하되 지자체와 교육지원청, 지역의 단체가 협의해서 공동의 사업계획서를 작성해서 제출하는 것을 원칙으로 제시했다.

현장의 목소리에 귀 기울인 시흥혁신교육지구 사업계획

이에 우리 시흥시도 본격적인 사업계획서 작성에 들어갔다. 경기도 혁신교육지구가 근본적으로 지향하는 가치에 부응하면서, 교육청-지자체-교육지원청 각각의 역할은 어떠해야 하는지, 필요한 예산은 얼마고 또 어떻게 충당할 것인지, 예산매칭 비율은 어떻게 할 것인지 등의 기준을 잡기 위해 우리는 혁신학교로 눈을 돌렸다. 지역별로 혁신학교가 운영되고는 있었으나 학교 안에만 머물러 있어 혁신학교 자체가 고립되어 있다고 판단해 혁신학교를 중심으로 지역을 묶는 방안을 마련해보고자 한 것이다.

시흥시혁신교육지구의 운영계획을 만드는 데 도움을 준 사람들이 바로 연구회 교사들이다. 이 교사들은 현장에서 교육을 진지하게 고민하며 실천하는 사람들이었고, 이 점이 기존의 다른 사업과는 다른 큰 차이점이다. 아니, 혁신교육지구를 사업이라는 이름으로 부르고 싶지 않은 이유가 바로 여기에 있다.

연구회 선생님들께 학교에서 그동안 시도해보고 싶었지만, 예산이나 인력 문제로 엄두를 내지 못했던 것들을 이야기해보라고 하니 의견이 봇물처럼 쏟아졌다.

초등학교에서 장애우 통합학급을 운영해본 선생님은 "수업시간에 특수보조원이 있었으면 좋겠어요. 그리고 일반학생들이 장애학생에 대한 인식을 개선할 수 있는 프로그램과 예산이 지원되었으면 좋겠어요"라는 요구를 했고, 한 중학교 선생님은 "수업을 마치고 교실 문을 나설 때마다 제가 너무 초라해져요. 학생들과 활발하게 상호작용을 하는 수업을 해보고 싶은데, 늘 실패하고 좌절해요. 선생님들의 수업을 보고 컨설팅 해주실 전문가가 학교에

계셨으면 좋겠어요."

그 밖에도 교사들의 행정업무가 너무 많아 수업준비에 지장이 있으니 행정요원을 배치해 달라. 학생들의 수준차가 커서 수업이 어려우니 학급당 인원수를 감축해 달라 등 실제 교실에서 겪고 있는 다양한 어려움들을 호소했다. 그리고 이런 선생님들의 요구들을 받아서 경기도교육청에서 제시한 방향에 맞춰 계획서에 담았다.

우선 교사들이 수업과 교육활동에 전념할 수 있는 학교를 만드는 것을 최우선 과제로 삼고, 상담사와 교무행정전담인력을 배치했다. 교사들의 수업을 보고 컨설팅이 가능한 전문가 지원과 수업분석실 구축을 위한 교수학습 개선 방안도 포함했다. 혁신교육 연구회 활성화를 위한 연구회 지원 예산도 마련했다.

독서토론지도사[1]라는 낯선 지원인력에 대한 제안도 있었다. 사실 독서교육의 중요성을 강조하면서도 정작 교사들이 독서교육을 실행할 수 있는 연수나 사례는 드문 게 사실이다. 미래역량 인재육성 부분에서는 창의적 교육과정 운영에 역점을 두었다. 교사들이 교육과정 편성에 수동적으로 움직일 것이 아니라 적극적으로 교육과정을 재구성할 수 있는 역량을 갖추는 것을 목표로 했다. 아울러 초등 계절학교 운영, 중등 방과후 지원 등 정규 교육과정 외에도 특기와 적성을 살릴 수 있는 방안을 마련하고자 했다.

---

1. 자세한 내용은 2부 2장의 '교과와 독서를 연계하는 독서토론지도사 제도' 참조

지난 5년 동안 가장 꾸준히 공을 들인 것이 바로 이 **창의적 교육과정 운영**[2]이 아닐까 싶다.

학급당 인원수를 줄이는 것은 교사들의 숙원이지만 쉽게 해결할 수 있는 문제가 아니었다. 지자체가 교실은 지을 수 있어도 교실에 배치할 교사는 어찌해볼 수 없는 일이어서 교사 1인당 학생 수를 줄이는 차원으로 한 교실에 두 명의 교사가 들어가 수업을 하는 방법을 선택했다. 1명은 정규교사이고, 1명은 지자체에서 예산을 지원하는 **수업협력교사**[3]로 단독수업은 할 수 없고 반드시 정규교사와 함께 교실에 들어가야 한다는 조건을 달았다. 수업 설계를 할 때도 교사는 강의식 수업이 아니라 최대한 협력수업이 가능한 방식으로 수업을 설계하도록 했다.

음대, 미대, 체대에 입학을 희망하는 학생은 있지만, 시흥에는 예술 고등학교가 없다. 상황이 이렇다 보니 예술 대학에 진학하려면 현실적으로 사교육에 의존할 수밖에 없었다. 당장 예술 고등학교를 만들 순 없지만 예체능중점과정은 운영할 수 있으니 원하는 고등학교에 미술중점, 체육중점, 음악중점 학급을 운영할 수 있도록 시설을 구축하고 강사를 지원하는 방식의 **예체능중점과정**이 포함됐다.[4]

---

2. 자세한 내용은 2부 2장의 '창의적 교육과정을 통한 지역사회 연계 교육과정 재구성' 참조
3. 자세한 내용은 2부 2장의 '수업의 배움과 질을 높여준 수업협력교사' 참조
4. 자세한 내용은 2부 2장의 '중·고등학교 간 예술 체육 연계과정 운영' 참조

보편적 교육복지 실현을 지역특성화로 잡고, 저소득층 학생 비율이 높은 학교에 교육복지 우선투자 사업과 유사한 형태의 희망심기 사업을 배치했다. 즉 복지사 지원, 복지실 구축비, 프로그램 운영비 등으로 교당 7천만 원씩 편성했다. 특수보조원을 지원해 달라는 선생님의 요구까지는 수용하지 못했지만, 통합학급의 일반학생을 대상으로 장애인식 개선 프로그램이 계획됐다.

학교는 지역주민들이 접근하기 가장 좋은 위치에 있다. 그럼에도 불구하고 지역주민들에게 꼭꼭 닫혀 있는 게 학교다. 집에서 얼마나 가까이에 도서관이 있느냐가 선진국인가를 가늠하는 척도라는데, 지자체 입장에서 동네마다 도서관을 지을 수 있을 만한 예산을 확보하기란 어렵다. 그래서 학교 도서관을 지역에 개방하는 방안을 생각해낸 것이다. 도서관 리모델링을 원하는 학교에 도서관 리모델링비를 지원하되 도서관을 1층으로 내리고 밖에서 바로 도서관으로 출입할 수 있는 문을 내도록 했다. 단, 도서관에서 학교 쪽으로 나가는 문은 화장실까지만 개방하고 복도를 차단해서 저녁이면 독립된 공간이 되도록 했다.

야간에 사서와 안전요원을 배치해 안전하고 편안하게 지역주민들이 도서관을 이용할 수 있게 계획한 것이 바로 **별빛도서관** 운영이다.[5] 학교 입장에서는 도서관이 깨끗하게 리모델링되어서 좋

---

5. 자세한 내용은 2부 2장의 '열린 도서관을 추구하는 사서 및 별빛도서관 운영' 참조

고, 지역 입장에서도 가까운 곳에 도서관이 생긴 것이니 좋다. 저녁이면 도서관에서 다양한 평생교육 프로그램들이 운영되니 서로에게 좋은 일이라고 생각했다.

시흥시, 혁신교육지구의 첫발을 내딛다

이렇게 완성된 계획서를 10월 15일에 도교육청에 제출했다. 제출 마감 시한까지 16개의 지자체가 서류를 제출했고, 1단계 평가는 서류심사로 3개 항목이 모두 적합 판정을 받아야 2단계 심사를 받을 수 있는 자격이 주어졌다.

16개의 계획서 중 10개가 1단계 심사를 통과했고, 2차 심사 결과 시흥은 예비지정 지역으로 선정 보류 결정이 났다. 여러 가지 이유가 있었겠지만, 결정적인 이유는 확보한 예산에 비해 너무 적은 학교를 대상으로 했다는 것이 이유였다. 교육격차 해소를 목표로 학교를 일부 더 포함하라는 조건이 붙었다.

시흥은 공단 지역과 구도심 지역에 교육복지 우선투자가 필요한 학교가 일부 밀집해 있다. 그래서 이 학교들을 더 추가해서 12월 31일에 신청서를 제출했고, 이듬해 1월 26일에 드디어 최종 실무협의를 하겠다는 공문을 받았다.

얼마 후, 시흥시 시청 과장님에게 시흥시가 혁신교육지구로 최종 선정이 되었다는 연락을 받았다. 이렇게 시흥시는 11대 사업에 16개 세부사업, 시흥시 일부의 초·중·고 23개교에 대해서 혁신교육지구로 지정이 되었다. 앞으로 해야 할 일이 천지인데도, 그 날의 벅찬 감정은 잊을 수가 없다.

마침내 시흥시 혁신교육지구가 시작되었다. 그리고 2년이 흐른 후 중간평가 때의 일이다. 각 지구별로 지자체에서 1명, 교육지원청에서 1명씩 자체평가 결과를 발표하는 순서가 있었고, 시흥은 오전에 발표를 마쳤다. 그런데 점심시간에 다른 지구에서 온 동료 교사가 자꾸 '우리 선생님, 우리 선생님' 하고 부르는 것이었다.

"우리 선생님, 밥 먹으러 갑시다", "우리 선생님, 차 드실래요?" 하도 장난스럽게 놀리기에 왜 자꾸 '우리 선생님'이라고 부르냐고 물었더니 시흥 발표 차례 때 시청 과장님이 한두 번도 아니고 '우리 선생님'이라는 표현을 계속 하셨다는 것이다. "우리 선생님이 컨설팅을 잘해주셔서…", "우리 선생님이 운영을 잘해주셔서…" 마찬가지로 나도 과장님을 호칭할 때면 꼬박꼬박 '우리 과장님'이라고 불렀단다.

"교육은 교육전문가가 하는 것이다. 무조건 교육지원청에서 하자는 데로 하고 우리는 최선을 다해 지원해주자"를 입에 달고 사셨던 시흥시청 과장님. 무조건 믿고 맡기며 기다려주셨던 시청의 마음과 그 믿음에 부합하기 위해 최선을 다해 어렵고 힘들 때마다 기대고 손 내밀 수 있었던 마음이 함께 자라는 첫 자리였다. 창밖엔 눈이 소복했는데, 우리의 마음은 뜨거운 여름이었다.

CHAPTER 02

시흥시 혁신교육지구의 전개

시흥시가 혁신교육지구에 선정된 지도 어언 7년이 지났다. 그 오랜 시간 동안 시흥시와 교육청은 함께 머리를 맞대고, 지역의 아이들을 어떻게 키울 것인지에 관해 함께 진지하게 고민하고 또 적극 실천해왔다고 해도 과언이 아닐 것이다. 시흥시는 교육의 무대인 '학교'라는 기관에 구체적으로 어떤 지원을 해주고, 또 어떻게 이끌어 나갈 것인가를 끊임없이 고민하면서 혁신교육지구 운영에 대한 실마리를 찾아갔으며, 지금도 진화를 거듭하고 있다.

시흥시의 혁신교육지구 시즌 1
2011.3 ~ 2016.2

2011년 처음 혁신교육지구에 선정된 이후, 2011년 3월부터 2016년 2월까지 5년간 혁신교육지구 시즌 1이 운영되었다. 이 시기에는 주로 **수업**과 **교육과정 혁신**에 초점을 맞춘 프로그램이 주를 이뤘다. 이제부터 혁신교육지구 1기의 운영이 어떻게 전개되었는지를 살펴보기 위해 1기에 행해진 사례 일부를 간략하게나마 소개하려 한다. 매년 평가를 통해 내용이 조금씩 수정은 되었으나, 전체적인 기조는 5년 동안 유지되었다.

교육거버넌스 구축을 위한 혁신교육협의회 운영

혁신교육지구를 하고자 했던 가장 중요한 목표는 바로 **협력적 교육거버넌스** 구축이다. 즉 지자체-교육청-학교-지역주민들이 서로 협력해서 교육을 함께하는 데 의의를 둔 것이다. 이에 각계각층의 의견을 고루 수렴해 교육정책에 반영하는 참여와 소통의 교육문화 실현을 목표로 6개 혁신지구에 모두 혁신교육협의회를 설치하도록 했다.

혁신교육협의회는 혁신교육지구 사업 전반에 대한 심의 및 의결기구인 상임위원회[6]와 사업계획 등 상시적인 실무협의 단위인 운영위원회[7]로 나뉜다. 사실 교육장과 시장이 참석한, 상임위원회의 자리에서 교사들과 학부모들이 자신의 의견을 기탄없이 표현하기란 쉽지 않다. 그래서 운영위원회를 설치한 것이지만, 실제 사업계획을 구체적으로 고민하고 의견을 제시한다는 건 어려운 일이었다.[8] 따라서 전보로 인한 변동이나 본인이 그만두겠다고 의사를 표현하지 않는 한 임기는 2년간 유지되도록 했다.

혁신교육협의회를 통해 적어도 5년간 꾸준히 각 기관과 교사, 학부모, 지역주민이 만날 수 있는 자리를 가져왔다는 것에 큰 의

---

6. 상임위원회는 시장과 교육장을 공동위원장으로 하고 양 기관의 과장이 당연직 위원이 된다. 그리고 여기에 위촉직으로 교원, 학부모, 지역주민 등을 포함하여 20명 내외로 구성이 된다. 상임위원회는 연 2회 정기 회의를 개최하여 혁신교육지구 운영 계획 등 각종 계획과 변경 사항을 승인한다. 계획 수립, 변경, 평가 등 필요시 수시로 개최하여 자문의 역할을 한다. 중간에 예산 변경 등의 건이 있을 때 추가 협의회를 개최하거나 서면 심의를 통해 승인을 한다.

7. 운영위원회는 양 기관의 과장을 공동위원장으로 하고 팀장 둘이 당연직 위원이 된다. 상임위원회와 마찬가지로 교원, 학부모, 지역주민을 위촉직으로 포함하여 20명 내외로 구성된다. 운영위원회를 거친 계획들이 상임위원회에서 확정되는 구조이다. 다소 번거롭지만 의견을 들을 수 있고, 누군가의 독단적인 결정에 좌지우지 되지 않도록 만든 장치이다.

8. 그래서 시즌 2에서는 운영위원의 임기를 2년으로 했다. 내용을 파악해야 의견을 낼 수 있다는 생각에 임기를 연장한 것이다.

미를 두고 싶다. 비록 때론 형식적이거나 자신의 주장을 굽히지 않아 논쟁의 장(場)이 되었더라도 교육을 주제로 시장, 교육장, 교사, 학부모, 지역주민이 정기적으로 만나 이야기를 나눌 수 있는 기회를 꾸준히 만들어온 것은 그 나름대로 의미가 클 것이다. '혁신교육지구 시즌 1'의 5년은 혁신교육지구를 어떻게 운영해야 하는지 체화하는 데 걸린 시간이었다고 해도 과언이 아니다.

교육격차 해소와 생활지도를 위한 상담사의 활용

혁신교육지구로 지정된 학교 23개교 중 일부 학교는 교육격차 해소가 목표였다. 말하자면 저소득층 및 차상위층 가정의 학생이 높은 비율을 차지하고 있었던 것이다. 경제적인 어려움이 문제행동과 꼭 일치하는 건 아니지만, 교사들이 학생 생활지도의 어려움을 더 많이 호소하는 게 사실이다. 게다가 학생 상담과 생활지도의 어려움은 어느 학교에서든 있는 일이기도 하다. 하지만 학교에 상담교사가 배치된 경우는 극히 드물어, 학교에 전문가가 필요했다. 그래서 혁신교육지구 23개교에 상담사[9]를 모두 배치했다.

높은 자격조건을 요구한 것에 비해 연봉은 턱없이 적고, 게다가 상담사로 채용된 사람은 연간 총 60시간의 직무연수를 의무적으로 이수해야 한다는 조건까지 있어서 과연 희망자가 있을까 염

려스러웠지만, 고맙게도 가톨릭대학교에서 졸업생들을 중심으로 적극적으로 사람을 찾아 배치해주었다. 상담사들이 말하기를 까다로운 채용 조건에도 불구하고 흔쾌히 학교 상담을 자원했던 이유 중의 하나가 주 1회 슈퍼비전 시간이 주어졌기 때문이라고 했다. 자비를 들여서라도 슈퍼비전을 받는데, 정기적으로 슈퍼비전을 받을 수 있도록 시간과 예산을 확보해준 것이 큰 매력이었다고 한다.

첫해인 2011년은 기준과 틀을 만들어가는 해였다고 봐야 할 것이다. 학교에 배치된 상담사들은 학생·학부모 상담, 상담 수요조사, 학생·학부모·교사 상담교육, 상담실 홍보, 기타 상담 관련 업무를 했고, 혁신교육지구 운영 1년 후 자체 평가 결과 상담사 지원이 전체 사업 중 만족도가 가장 높게 나타났다. 혁신교육지구를 교육경비에 관한 시범사업이라고 볼 때, 만족도와 성과가 높으면 확산해야 한다는 시장님의 제안으로 73개교 전체에 상담사 배치가 검토되었다.

그리고 2012년부터는 시흥시 전체 학교에 상담사가 근무하게 되었다. 좋은 의도로 배치는 했으나 사업이 종료되는 시점엔 비

---

9. 단, 학교에 배치되는 상담사는 일정한 자격을 갖춘 전문가여야 하며, 꾸준히 연수나 슈퍼비전(supervision)을 통해 전문성을 신장해야 한다는 조건을 붙였다. 그래서 상담심리학과가 있는 인근의 대학에 도움을 요청했다. 선발 및 전문성 신장을 맡아주는 조건으로 가톨릭대학교와 양해각서(MOU)를 체결하고 슈퍼비전, 방학 중 연수 등에 도움을 받았다. 학교에 들어갈 상담사는 심리 상담과 관련된 자격증(임상심리사 2급 또는 전문상담교사 자격증)이 있어야 하고 계약은 1년 단위로 했다.

정규직 문제로 큰 어려움을 겪기도 했다. 비정규직 문제도 해결하고 학교의 필요도 충족하기 위해 시에서는 여전히 학교에 상담사를 지원하는 방법을 고민하고 있다. 아마도 이러한 문제는 시흥시만의 고민은 아닐 것이다. 지혜롭게 해결할 수 있는 방법을 찾아 자물쇠 채워진 상담실이 언제나 열려 있을 수 있었으면 하는 바람이다.

교과와 독서를 연계하는 독서토론지도사 제도

독서교육의 중요성은 이미 널리 알려져 있지만, 막상 학생들은 책을 읽을 시간이 없다. 잠잘 시간도 턱없이 부족한 학생들에게 학교 수업과 학원 수업 마치고 남는 시간을 쪼개서 독서까지 하라고 할 게 아니라, 학교 **수업시간에 교과와 독서를 연계**하는 방법을 찾아야 한다.

하지만 교사들은 교과 수업과 독서를 연계하는 방법에 대해서 잘 모른다. 그래서 자료 찾는 것을 도와주고 수업설계와 방법을 도와줄 전문가를 통해 교사들이 스스로 방법을 터득해가는 방안으로 독서교육전문가[10]를 생각하게 된 것이다.

독서토론지도사들이 가진 능력에 따라 편차가 생기는 것을 최소화하기 위해서 공동 수업안을 짜고 수업 결과를 나눌 수 있도록 월 2회 모니터링 모임을 가졌다. 초·중·고급별로 모임을 진행하고, 모임을 이끌어줄 PM(Program Manager)을 지정해서 역량 강화에 꾸준한 노력을 기울였다. 방학 중에는 여름방학, 겨울방학 각각 30시간씩의 직무연수를 개설해 더 좋은 수업을 계획할 수 있는 시간도 가졌다.

수업이 주요 목적이 아니라 교사들의 슈퍼바이저[11]로서, 학부모 연수와 학교에 독서교육이 정착될 수 있는 다양한 프로그램 기획자로서의 역할을 수행할 수 있도록 주당 수업시간을 10시간으로 제한했는데, 이것이 학교에서는 가장 큰 불만이었다.[12] 10시간만 수업을 하면 수업 혜택을 받는 학생 수가 너무 적으니 교사들의 수업부담을 줄이고 더 많은 학생들에게 혜택이 돌아갈 수 있도록 수업시수를 늘려야 한다는 의견이었다.

더 많은 학생들이 전문가로부터 독서토론교육을 받게 할 것인가? 교사들이 독서토론교육 전문가로 성장하는 것을 지원할 것인가? 접점을 찾기가 참 어려운 일이지만, 장기적인 관점에서 볼 때

---

10. 자격은 '한국독서학회 독서교육전문가 2급자격증 소지자 또는 한국독서학회 독서교육전문가 3급자격증 소지자로서 1년 이상의 교육경력이 있는 자 또는 기타 독서논술 관련 자격증 소지자로 3년 이상의 교육경력이 있는 자'로 하였고, 상담사와 마찬가지로 가톨릭대학교에서 선발과 교육을 맡았다.
11. 독서교육에 관한 교육, 자문, 상담의 역할을 수행한다.
12. 선생님들은 주당 20시간 이상의 수업을 하면서도 담임 업무에 행정 업무까지 다 하는데, 이분들은 겨우 10시간밖에 수업을 하지 않으면서 그 많은 예산을 쓰냐는 것이 불만의 주요 내용이었다.

교사의 성장을 지원하는 것이 더 바람직하지 않을까 생각한다.

5년을 마무리하며 그동안의 독서연계 수업안과 수업 에피소드를 모은 《교과를 꽃피게 하는 독서교육》이라는 책도 출간했다. 교과와 독서가 연계된 체계적인 수업을 시도한 것은 대한민국 최초였으며, 이제 선생님들은 독서연계 교과통합수업으로까지 확대할 수 있을 만큼 성장했다.

그동안 대한민국의 독서논술교육은 사교육이 주도해왔다. 이 사업을 마치며 독서교육전문가를 모든 학교에 배치해 공교육 안에서 체계적인 독서교육이 가능하도록 제도를 정비했으면 좋겠다는 간절한 바람을 가져본다.

수업과 배움의 질을 높여준 수업협력교사

선생님들이 간절히 바라는 것 중 하나가 학급당 학생 수 감축이다. 특히 학생들 간의 수준 차이가 심한 교과의 경우 학생 한 사람 한 사람의 눈높이를 맞춰 개별 수준을 고려한 수업을 진행한다는 것은 거의 불가능하다. 손이 많이 가는 초등학교 저학년 교실은 더 말할 것도 없을 것이다.

이에 학급당 학생 수 감축의 일환으로 수업협력교사를 선발해 배치했다. 처음엔 '협력교사'냐 '보조교사'냐를 놓고 의견 충돌이 있었는데, 결국 보조교사로 시작을 했다. 왜냐하면 협력이라는 단어는 각자가 가진 대등한 능력을 전제로 하며, 책임 또한 공동으로 져야 함을 의미한다고 판단했기 때문이다. 실제 수업의 설계부터 평가까지 일련의 과정을 교사가 기획하고 추가로 투입된 교사는 그런 교사의 계획을 돕는 역할을 하므로 '보조'라고 하는 것이 적합하다고 판단한 것이다.

그런데 수업 모니터링을 다니면서 특히 중등은 보조교사가 그 역할을 제대로 수행하지 못하는 상황을 수차례 목격하게 되었다.[13] 그래서 2012년엔 보조교사의 채용조건을 높였다. 1순위는 교원자격증 소지자, 2순위는 관련 학과 졸업자로 하고 중등은 영어, 수학에 우선 배치하고 초등은 저학년에 배치했다.

사실 처음에는 많은 교사들이 협력교사를 그리 달가워하지 않았다. 그런데도 억지로 배치할 경우 수업협력교사를 아무리 지원해주어도 수업협력자로서의 역할을 제대로 수행하지 못할 가능성이 높을 게 뻔했다. 그래서 학교 전체에 일괄 배치하던 방식에서 강의식 수업을 배움 중심 수업으로 바꾸고자 하는 교사, 동시에 협력교사와 함께 수업을 준비하고 진행하겠다고 희망하는 교사를 중심으로 지원을 받는 것으로 변경하고, 지원 대상 학교를

---

13. 첫째는 교사가 한 시간 내내 강의식 수업을 하는 경우로 보조교사는 그저 자는 아이를 깨우는 역할 정도밖에 하지 못했고, 둘째는 보조교사가 학생들의 질문에 바로바로 대답을 해줄 수 있을 만한 능력이 부족한 사례였다.

점차 확대해 나갔다.

그런데 시간이 흐를수록 오히려 교사들 쪽에서 협력교사를 강하게 요구했다. 협력교사가 없었다면 시도조차 해볼 수 없을 만한 수업이 가능했다는 평가가 지배적이었다. 협력교사 지원으로 다양한 모형의 수업을 시도할 수 있었고, 수업시간에 배움에서 소외되는 학생들이 현저히 줄어들었으며, 학생들과 교감하는 수업으로 자연스럽게 전환되었다는 긍정적인 평가가 다수였다. 협력교사 배치 자체가 결과적으로 교실 수업을 개선하는 데 좋은 영향을 미쳤다고 생각한다.

교사를 교육활동에 온전히 집중하게 돕는 행정실무사

많은 선생님들이 수업 중에 급한 공문 처리를 위해 학생들을 교실에 남겨둔 채 교무실에 불려간 경험이 있을 것이다. 혁신학교는 교사를 학생들 곁에 있게 하는 운동이기도 했다. 적어도 학생들이 학교에 있는 시간 동안은 교사들이 학생 곁에 있게 하고, 더 좋은 수업과 의미 있는 교육과정으로 만나려고 시작한 것이다. 그런데 아이러니하게도 혁신교육지구라는 새로운 사업으로 교사들의 업무를 더욱 가중시키고 말았다.

이러한 문제를 해결하기 위해 혁신교육지구 업무전담 행정실무사 예산을 각 학교에 지원했다. 물론 무기계약직 전환에 대한 우려로 혁신교육지구 프로그램에 한해서만 행정 업무를 지원하게 했다. 이미 각 학교에는 행정실무사라는 직종의 인원이 있었기 때문에 같은 유형의 업무를 하게 되면 한시적 사업에 필요한 인력으로 볼 수 없다고 판단했던 것이다.[14]

하지만 알다시피 학교 업무라는 것이 무 자르듯 가를 수 있는 게 아니다 보니 어쩔 수 없이 혁신교육지구 업무 이외의 업무를 할 수밖에 없는 구조이다. 게다가 혁신교육지구 사업에 따라 채용된 다른 인력과 마찬가지로 무기계약 전환에 대한 부담에서 자유로울 순 없었다.

교육지원청 전담팀에 1명과 23개교에 1명씩 모두 24명의 행정 전담 인력이 배치되었고, 결국 이들 중 2016년 2월 29일을 기준으로 2년을 초과하여 근무한 17명은 무기계약직으로 전환되었다. 행정실무사 배치는 혁신교육지구 지정으로 인한 교사들의 피로와 원성을 조금이나마 해결해준 방안이었고 단연 교사들의 만족도가 높았으나, 더 이상은 지원할 수 없게 되어 안타까울 뿐이다.

---

14. 당초 혁신교육지구는 5년간 한시적으로 운영되는 사업으로 설계되었다. 따라서 「기간제 및 단기근로자 보호 등에 관한 법률」 제4조 1항을 근거로 채용계약서에 '한시적 사업으로 채용되어 무기계약 전환 대상이 아님'을 명시했기 때문에 혁신교육지구 업무에 한해서만 업무분장을 하게 한 것이다.

열린 도서관을 추구하는 사서 및 별빛도서관 운영

도서관이 없는 학교는 없지만, 학교에 사서교사가 있는 경우는 참으로 드물다. 대신에 학교에서 사서를 채용하는 경우도 있기는 하지만, 그나마도 없는 학교가 종종 있다. 대체 무슨 심산으로 이런 구조를 만들어 놓은 걸까? 아마도 대한민국 교사들이 교육과 행정 업무에 더해 사서 역할까지 가능한 슈퍼 역량의 소유자라고 생각하는 모양이다.

사서나 사서교사가 없는 학교는 형편에 따라 교사, 행정실무사, 공익근무요원 등 닥치는 대로 업무를 맡기고, 도서관 문은 점심시간에 제한적으로만 열리기 일쑤다. 하지만 학생들에게 도서관은 단지 책을 보는 공간이 아니라, 사교는 물론 수업 스트레스를 해소하는 소통의 공간이기도 하다. 그런 도서관이 잠겨 있어선 안 된다는 판단하에 각 학교마다 사서교사를 배치하기로 했다.[15]

학교예산의 3%를 도서구입비로 책정한 학교에는 추가로 도서구입비도 지원했다. 추가로 지원된 도서구입비는 도서관 책을 구비할 수도 있지만, 어떤 학교에서는 학급문고를 만드는 데 사용하기도 했다.

---

15. 과거 사서교사가 없는 경우에는 사서를 채용하기도 했는데, 인건비를 경기도교육청과 지자체에서 반씩 부담하는 경우, 학교가 전체 인건비를 부담하는 경우, 지자체가 100% 부담하는 경우 등 천차만별이었다. 이에 학교에서 지출하는 사서 인건비는 혁신교육지구 교육경비에서 지원했다.

낮에는 사서와 독서토론지도사 도서구입비 등을 지원해서 정규 교과시간에 학생들이 최대한 책과 가깝게 지낼 수 있도록 노력했다면 야간에는 그동안 닫혀 있던 도서관 문을 열기 위해 노력했다. 시범적으로 5개의 **별빛도서관**을 운영했는데, 맞벌이 부모가 많은 지역은 그리 활성화되지 못했다. 하지만 아파트 밀집지역 가운데 자리한 곳은 반응이 괜찮았다.[16]

음지 없는 학교, 교육복지사와 함께하는 희망심기

협력교사 수업 공개로 어느 초등학교를 방문한 적이 있다. 몹시 추운 날이었는데, 몇몇 아이들이 새까만 맨발을 드러내 놓고 있었다. 그 지역이 경제적으로 꽤 어려운 곳이라는 건 이미 알고 있지만, 이 추운 날 실내화는커녕 양말도 신지 않은 아이들의 모습을 보고 깜짝 놀랐다. 수업 공개와 협의회가 끝나고 담임 선생님과 지역 상황에 대해 이야기를 나눴다.

다행히 혁신교육지구에서는 희망심기 사업으로 교육복지사와 사업비를 지원해 방과후에 복지실에서 돌볼 수 있게 했고, 끼니를

---

16. 별빛도서관 운영의 경험으로 시즌 2에서는 학교 안 체험교실을 운영하고 있다. 1층의 빈 교실을 활용하고 바깥에서 바로 들어가는 출입문을 설치하는 방식은 같지만, 도서관에 한정 짓지 않고 목공실, 도예실, 음악실, 예절실 등을 만들어 지역주민들과 학생들이 학교 시설을 공유하고 있다.

때우지 못하던 아이들에게 아침과 저녁밥을 챙겨줄 수 있게 되었다. 사실 국가가, 그리고 어른들이 당연히 책임을 져야 할 몫인데 그 책임을 다하지 못해 아이들이 고통을 받고 있다는 생각에 참으로 안타까웠다. 교육복지사는 시흥에서 기초생활수급자와 차상위계층이 가장 많이 분포한 학교, 하지만 드러나지 않은 좀 더 심각한 문제를 품고 있는 학교에서 아이들을 돌보고 지역과 연계해 주었다.

이러한 희망심기를 통해 아이들에게 균형 있는 영양식이 제공되었고, 정서적 교감을 통해 점차 안정을 찾을 수 있었다. 무엇보다 소외되고 취약한 상황에 놓인 아이들에 대한 지역사회의 보살핌이 강화되었고, 알코올 중독이나 학대 등 부모에게 치료가 필요하다고 판단되는 경우에는 시에 의뢰해서 부모의 치료까지도 이어질 수 있게 되었다. 복지사 선생님은 아이들이 마음을 나누고 맘 편히 기댈 수 있는 진정한 어른의 역할을 했고, 아이들은 어려운 친구들을 밥터에 데려 오거나 밥터 선생님들께 먼저 도움을 요청하기도 했다.

다만 문제는 교육복지사를 추가로 배치할 수 없다는 것이었다. 그래서 교육복지사가 배치된 학교가 거점학교가 되어 사업비만 지원되는 학교의 교사들과 협의하며 아이들을 살필 수 있도록 도움을 주었다.

현재는 **시흥행복교육지원센터**가 교육 플랫폼으로서 제 역할을 하면서 이를 통해 다양한 창의체험과 학부모성장 프로젝트, 마을교육 등 여러 가지 프로그램이 이루어지고 있다. 하지만 2011년 처음 계획에서는 창의적 교육과정이 창의적 체험학습, 초등 계절학교, 학교 특색사업으로 구분되었다. 학생들이 지역에서 다양한 체험 활동을 가능하게 해주고, 학교 상황에 맞는 특색사업을 운영하기 위함이었다. 그런데 1년을 운영해본 결과 모두 비슷한 형태의 교육과정이라 영역을 나누는 게 큰 의미가 없었다.

그래서 2012년부터는 **창의적 교육과정 운영으로 통합**했고, 교육과정 재구성을 통해 지역사회와 연계하는 방안을 찾아보려 했다. 초기에는 시흥 밖으로 나가던 체험학습을 시흥 안으로 돌리는 정도에 만족하는 수준이었다. 하지만 교사들의 노력으로 지역과 연계한 교육과정을 운영할 수 있는 여지가 생겼다.

국가 수준의 교육과정은 유지하되 지역의 특색을 반영하여 교육과정을 재구성하려면 선행되어야 할 것이 있다. 바로 **교사들이 협력하는 문화**이다. 동학년, 동교과 선생님들이 수시로 모여 학생들의 배움을 즐겁고 유의미하게 구조화하기 위한 노력이 있었기에 이후 학교 밖에 만들어진 지원시스템도 잘 작동할 수 있었다.

이후 2014년부터는 각 학교의 자구 노력에 의존할 게 아니라,

학교 밖 지원시스템을 생각하기 시작했다. 좀 더 쉽게 교육과정에 지역 내 자원을 발굴하고 연결할 수 있도록 돕는 시스템이 필요했기 때문이다. 시흥시에서 교육청과 학교, 지역사회가 협력하는 형태의 센터 설립을 제안했고, 2015년 개소를 했다.[17] 2015년은 혁신교육지구가 마무리되는 해였기 때문에 혁신교육지구 이후의 교육협력을 생각하지 않을 수 없었다. 그런데 센터가 생기면서 본격적으로 마을 연계 창의적 교육과정이 안정된 형태를 갖춰가기 시작한 것이다.

배움 중심 수업을 강조한 교실 수업 개선

학교는 왜 존재하는가? 학교 혁신, 혁신교육의 핵심은 무엇일까? 초기에는 주로 **수업**에서 답을 찾고자 했다. 수업 중심의 학교개혁이 성공을 거두려면 우선 모든 구성원들이 그 철학과 비전을 공유해야 한다. 아무리 교사 혼자 수많은 연수를 쫓아다니고, 각종 연구회에 가입해 활동을 해봐도 이것이 수업 혁신과 학교 혁신으로 이어지기란 요원하다. 교사는 물론이고, 학부모와 학생까지 학교 구성원 전체가 머리를 맞대고 연수를 통해 '왜', '어떻게' 바꾸고자

---

17. 이때 문을 연 것이 바로 행복교육지원센터이다. 관련된 내용은 이후 2부 3장에서 자세히 설명할 것이다.

하는지를 공유해야만 한다. 이에 교실 수업 개선은 두 가지 측면으로 지원했다.

첫째, 연수와 전문가를 초청한 **수업 컨설팅**이다. 좋은 수업 사례와 배움 중심 수업이 무엇인가에 대한 연수를 듣고 전문가에게 의뢰하여 수업을 공개하고 동료들과 함께 컨설팅을 받는 것이다. 의외로 컨설팅을 희망하는 선생님들이 꽤 많았다. 그런데 정작 수업 전문가를 찾아내기가 너무나 어려웠다. 결국 수업 혁신 시도를 먼저 해본 혁신학교 교사들이 정기적으로 들어가 수업을 보고 수업 나눔을 하는 것으로 만족해야 했다.

둘째, 수업 분석실 구축에 필요한 **예산**을 지원했다. 교실이 한 칸 이상 여유가 있어야 신청이 가능했고, 분석실 구축의 전제는 연수와 컨설팅 계획이 있어야 했다. 분석실만 구축해 놓고 어떻게 수업을 개선할지에 대한 계획이 없다면, 제대로 활용될 리 만무하기 때문이다.

지원을 받은 학교는 수업 모습을 촬영할 수 있도록 3~4대의 카메라를 설치하고, 영상이 자동 저장되는 컴퓨터를 갖췄다. 교사가 촬영기기를 작동시켜 놓고 수업을 하면 자동으로 영상물이 컴퓨터에 저장되니 수업을 마치고 USB에 자신의 수업 영상을 담아오기만 하면 된다. 그렇게 담아온 영상을 동료들과 함께 보거나 자기 스스로 보면서 보완해가는 것이다.

학생들과도 함께 보며 자신들의 수업 태도가 어떤지 보여준다거나 학부모 상담용으로도 사용되었다. 직장 때문에 수업 공개에 참여하지 못한 학부모들은 퇴근 후 학교에 좀 들러 달라고 요청해서 함께 영상을 보았다. 영상을 보신 한 어머니는 시작한 지 10분도 채 되지 않아, "선생님, 죄송합니다"라는 말과 함께 눈물을 보이셨다고 한다. 자녀의 수업 장면 하나로 교사가 하려던 말을 이미 다 들었던 것이다.

　매일 해도 힘이 들고 부족하게 여겨지는 것이 수업이다. 아이들이 매일매일 성장하고 변해가듯이 수업도 그렇게 살아 움직여야 하므로 교실 수업 개선 사업은 천천히 느리게 진행되었다.

중·고등학교 간 예술 체육 연계과정 운영

고등학생 딸을 둔 어느 엄마가 하소연을 했다. 애가 플루트(flute)를 전공하려고 해서 음악 학원을 다니는데, 비싼 학원비보다 학교 마치고 학원에서 늦게까지 연습하느라 녹초가 된 모습을 보는 게 더 힘들다고 말이다.

　딸이 목표로 하는 대학은 수능보다 실기의 반영 비율이 훨씬 높고 게다가 수학 점수는 필요도 없는데, 차라리 그 시간에 연습이나 더 하게 해주면 좋겠다고 했다. 물론 오직 진학을 목적으로 수학을 배우는 건 아니지만, 이미 수학을 놓아버린 학생에게는 그

시간이 얼마나 고역일까 하는 생각에 안타까운 마음이 들었다.

이런 고민은 비단 그 엄마만이 아닐 것이다. 예술 체육 분야로 진로를 굳힌 학생들 대부분은 학교와 학원 수업을 병행한다. 아니, 어쩌면 학원 수업이 더욱 절실할지도 모른다. 적어도 현재 대한민국에서 학원은 예술 체육 분야에 있어서는 전적으로 의존해야 하는 곳이 되고 말았다.

예술 학교를 새로 지어야 할 만큼 수요가 많지 않더라도 소수라서 외면당해서는 안 되며, 시간과 돈 등의 이유로 시도조차 못해 본 학생들에게 기회를 주려는 차원에서 **예술 체육 중점학교**[18]를 중·고등학교가 연계하는 방식으로 운영했다.

중학교는 미술실 등 시설을 갖추고 전문 강사를 배치한 '방과후 교실'로 인근의 관심 있는 학생들도 참여할 수 있게 개방했다. 중학교에서 체육과 미술 방과후수업을 받은 학생 중 소질이 있고 계속 공부를 하고 싶다면 체육중점과 미술중점을 운영하는 고등학교로 진학을 하면 된다.

고등학교는 교육부 진로집중과정과 연계해 아예 과정을 분리해서 운영해보았다. 즉 영어, 수학 등의 수업 시수를 줄이고 예술 체육 수업을 늘린 것이다.[19] 그 결과 학생과 학부모들의 만족도는 높았다. 특히 체육 중점을 운영하는 고등학교에 방문했을 때 교

---

18. 처음에는 음악, 미술, 체육 세 영역으로 운영하고자 했으나, 음악은 준비한 예산보다 훨씬 많은 예산이 필요해 우선 미술과 체육 두 영역만 시작했다.

감 선생님은 "체육 중점 학교여서 전공 학생들에게도 혜택이 가지만, 전체 학생들도 체육활동의 기회가 많아졌습니다. 우리 학교처럼 고립된 지역에 있는 학생들은 방과후에 갈 곳이 마땅치 않았는데, 학교에 남아 체육활동을 하면서 에너지를 발산할 기회가 많아졌습니다. 여학생들도 체육활동에 매우 적극적입니다"라고 평가했다.[19]

중요한 것은 인근의 초-중-고가 교육과정을 연계해서 학생들이 꾸준히 원하는 교육을 받을 수 있어야 한다는 점이다. 그리고 그것은 예술 체육 분야를 넘어 궁극적으로 교육과정 전체의 공유와 연결까지로 이어져야 한다. 운영 담당자의 의지에 따라 왔다 갔다 널을 뛰거나 초-중-고 연계가 되지 않으면 그저 일회성 경험으로 그치는 경우가 많다.

체육중점과정을 운영한 어느 중학교가 사업 공모를 했을 때부터 매우 적극적으로 응했다. 마침 교감선생님이 체육 전공자이고 수년간 운동부 지도 경험이 있어서 그런지 운영에 유독 자신감을 보였다. 축구, 농구, 배드민턴 세 종목을 선정해 희망 학생들이 참여하고 각 종목별로 전문 강사를 채용해 방과후수업으로 진행했다. 인건비를 포함한 총 예산이 5천만 원으로 꽤 많은 예산이 지원되어 집중프로그램 외에도 전교생이 참여하는 프로그램도 병행할 수

---

19. 늘어난 예술 체육 수업은 혁신지구에서 지원한 강사의 도움을 받았다. 미술 교사와 코티칭(co-teaching)을 하지만, 분야별 강사가 지원되니 한층 전문적인 교육이 가능했다.

있었다.

미술중점과정은 다행히 길 하나를 사이에 둔 중·고등학교가 나란히 신청을 해서 나름 연계하기 수월했다. 미술중점 중학교는 미술을 전공하고 싶어 하는 중학생들이 멀리서도 찾아와 문전성시를 이룰 정도였다. 하지만 정작 담당 교사가 시들해지는 위기도 있었다. 미술 강사를 배치한다고 해도 프로그램을 주도할 담당 교사의 몫이 있는데, 만약 취지에 동의하지 못하면 곤란한 상황이 벌어지고 만다. 다행히 학생, 학부모의 참여 의지가 높았고, 이웃 미술중점과정 고등학교가 전공반을 잘 운영해주어 맥을 이어갈 수 있었다.

시흥시의 혁신교육지구 시즌2
2016.3 ~ 2021

시흥시는 2016년 2월에 혁신교육지구 1기를 마치고, 현재까지 2기, 즉 시즌 2가 운영 중이다. 지난 1기가 주로 수업과 교육과정 혁신에 초점을 맞춰 진행되었다면, 2기에 들어서는 1기의 시행착오를 거울삼아 좀 더 체계적이고 다양한 프로젝트들을 운영해 나가고 있다.

특히나 **시흥행복교육지원센터**를 중심으로 마을과 학교가 연계한 다양한 프로그램 운영이 주목을 받고 있다. 이제부터는 혁신교육지구 2기의 운영이 어떻게 전개되었는지를 살펴보기 위해 2기의 사례 일부를 소개하려고 한다.

학교 안으로 들어간 체험교실, '목공 체험'[20]

시흥에는 학교 안 체험교실이 있다. 이는 학교의 유휴 공간을 활용할 목적으로 시흥시가 소요예산을 전액 지원해 학교 유휴공간을 리모델링한 체험활동 공간이다. 해당 학교는 물론 인근 학교와 마을주민에게도 시설이 개방되어 마을 속의 체험활동 공간으로 자리매김 되어가는 중이다. 학교 안 체험교실의 강사 비용은 시흥시가 전액 지원하고 있다. 그래서 학생과 마을주민 모두 저렴한 비용으로 수강할 수 있다.

현재 학교 안 체험교실은 목공 체험실(장곡중학교, 은행중학교), 가야금 체험실(은행고등학교), 기타 체험실(은행고등학교), 소프트웨어 체험실(군자중학교), 예절 체험실(군서중학교) 등이 있다. 특히나 장곡중학교 목공 체험실의 경우 시흥시가 약 1억 2천만 원을 지원하여 교실 2칸 반(50평 규모)의 공간에 최신 목공 기계와 작업장까지 갖추고 있다. 장곡중학교의 목공 체험실은 오후 5시까지는 학생들이 사용하고 있으며, 오후 5시부터 오후 9시까지는 마을주민에게 시설을 개방하고 있다.

---

20. 박석균 장곡중학교 교장선생님의 기록을 인용한 것임.

온 마을이 학교다, '창의체험학교'

시흥의 생태, 문화, 역사, 환경 등 지역 자원을 활용한 다양한 체험 콘텐츠를 학년별 교육과정과 연계한 시흥 현장학습이다. 시흥 창의체험학교야말로 학교가 마을로 어떻게 들어갔는지를 잘 보여주는 좋은 모델이다. 이 체험학교에서는 시흥의 문화와 역사, 생태, 예술 등 다양한 분야의 지역 자원을 체험학습터로 만들어 학교교육과정과의 연계를 통해 학생들이 시흥의 우수한 자원을 직접 체험하며 배울 수 있다. 그저 단순한 체험학습이 아닌 배움의 깊이를 더한 정규 교과과정인 것이다. 굳이 현장학습을 하기 위해 먼 곳으로 갈 필요가 없이 시흥의 학생들은 자기들이 살고 있는 동네, 즉 마을에서 생생한 체험을 통한 살아 있는 배움이 이루어지고 있다. 학교가 마을로 들어온 것이다.

지역 교육기관과 학교교육과정의 연계, '마을교육과정'

시흥시의 특색을 반영한 지역 교육기관의 마을교육 프로그램을 학교교육과정에 연계하여 운영하는 사업으로 지역사회가 보유한 인적·물적 자원을 학교교육과정에 부합하도록 개발함으로써 지속적인 교육네트워크를 구축하여 시흥시 교육 발전의 시너지를 일으키고자 하는 사업이다.

사업기간은 매년 3월에서 12월이며, 관내 초·중·고 80개 교를 대상으로 한다. 사업 내용은 아동과 청소년 대상 교육 프로그램 수행이 가능한 지역 교육기관이 학교교육과정에 맞춘 프로그램을 발굴하고 신청하면 되는데, 심사를 통해 최종적으로 선발된 프로그램을 마을강사와 학교교사의 지속적인 협업을 통해 다양한 방식으로 운영하고 있다.

배움이 곧 미래가 되는 곳, '꿈의학교'

경기도시흥교육지원청(교육장 장덕진)은 (구)몬테소리 어린이집을 리모델링하여 2017년 12월 28일 '경기꿈의학교 시흥거점센터'를 개소했다. 시흥거점센터는 배움의 주체들이 "거침없이 꿈꾸고, 당차게 도전하라!"는 꿈의학교 교육패러다임을 바탕으로 학생들을 위한 교육과정은 물론 마을교육공동체 활성화에 이르기까지 주도적으로 운영할 수 있게 만든 배움터이다.

시흥시 꿈의학교는 학생들이 처해 있는 현실과 완전히 동떨어진 그런 배움은 추구하지 않는다. 학생들은 이곳에서의 배움을 통해 자신의 소질이나 적성을 발견하거나 더욱 키워 나가기도 하고, 이는 나아가 꿈을 실현할 수 있는 밑거름이 되고 있다. 아울러 꿈의학

교에서 이루어지고 있는 다양한 프로그램들은 마을교육공동체 역
량을 키워 나가는 데도 큰 도움이 되고 있다.[21]

지역사회와 학교, 학생 모두가 주인인 '마을축제'

과거 지역사회에서 열리는 축제는 두 가지 패턴으로 이루어졌다.
우선 학교가 모든 걸 준비하고 마을을 행사에 초대하는 형태가 있
고, 다음으로 학교로 협조공문을 보내 마을이 준비한 행사에 학생
들을 보내 달라는 형태로 이루어진 것이다. 즉 '함께'가 아니라 학
교와 마을 '각자'가 주체가 된 방식이었다. 이런 방식의 축제에서
는 초대를 하는 쪽은 주인이요, 초대를 받는 쪽은 손님이 된다.

시흥시의 마을축제는 이렇게 각자가 따로 주체가 되는 방식이
아니라 **학교와 지역사회가 모두 '함께' 참여**하는 진정한 마을축제를
추구한다. 즉 기획부터 준비, 실행 등 모든 과정을 함께 해나가는
것이다. 학교와 지역사회 양측이 모두 주체가 되는 것이 바로 시
흥시 마을축제의 큰 특징이라고 할 수 있다.

물론 서로 다른 주체가 협의를 통해 하나의 행사를 치러낸다는
게 말처럼 쉬운 일은 아니다. 특히 교사들은 학교 밖 사람들과 함

---

21. 좀 더 자세한 내용은 2부 3장의 '4. 새로운 배움을 열어가는 꿈의학교' 참조

께 뭔가를 하는 데 익숙하지 않은 사람들이고, 사소한 일처리부터 선호하는 소통 방식에 이르기까지 서로 맞춰야 할 것이 한두 가지가 아닐 것이다. 하지만 이 모든 과정이 마을과 학교가 하나가 되는 소중한 경험으로 하나하나 쌓여가고 있다.

시흥시의 축제는 주최 측을 제외한 나머지는 그저 손님처럼 잠시 들러 대충 구경이나 하다가 돌아가는 그런 행사가 아니다. 참가자 모두가 적극적으로 참여하는 축제, 모두가 지역사회의 주인임을 실감하는 축제 그리고 학생들도 얼마든지 주도할 수 있는 마을축제를 지향하는 것이다.

지역사회의 구성원 모두가 주인이 되는 시흥시의 마을축제

CHAPTER 03

행복교육센터를 중심으로 한
강력한 교육거버넌트 구축

"

앞선 2장에서 지난 7년간 시흥시의 혁신교육지구가 어떻게 운영되고 또 발전되어왔는지를 대략적으로 살펴보았다. 이제부터는 시흥시 혁신교육지구 전담팀에 참여하면서 겪었던 나의 경험과 현재 다른 지역에서도 혁신교육지구 성공 운영 사례로 종종 언급되고 있는 시흥시의 다양한 혁신교육지구 관련 프로젝트들에 대해 좀 더 자세히 살펴보려 한다. 그저 어떻게 운영되고 있다는 식의 설명을 넘어 행복교육센터를 중심으로 이루어진 실제 프로젝트들과 거기에 참여한 사람들의 생생한 소감이 담긴 이야기를 자세히 소개할 것이다. 아울러 여전히 남은 과제와 발전방향에 대해서도 이야기할 것이다.

"

교육거버넌트의 핵심,
혁신교육지구 전담팀

2011년 3월에 6개 지역의 교육지원청과 시청에 혁신교육지구를
전담하는 팀이 만들어졌다. 교육지원청의 팀장(교육행정직 6급)과
팀원(교육행정직 1명)은 경기도교육청에서 정원을 늘렸고, 시청은
인사조정을 통해 전담팀을 꾸렸다.

혁신교육지구 전담팀의 구성

지역마다 인력 구성에서 다소 차이는 있었지만 대부분 지원청은
팀장, 행정직, 행정실무사, 장기출장교사의 4명으로 구성되었고,
시청은 혁신교육지구를 포함해 교육경비 전반을 관할하는 팀이
었다. 이때 나는 장기출장교사로 교육지원청에서 근무를 하게 되
었다. 군이 교사들을 장기출장이라는 형식으로 전담팀에 근무하

게 한 이유는 아무래도 수업과 교육과정 분야에 경험을 가진 사람이 필요했기 때문이었을 것이다.

물론 지원청 내에 있는 장학사가 지원하는 방법도 있지만, 혁신교육지구 전담팀을 만들기로 했던 업무협약 당시의 약속도 있었고, 장학사들이 기존에 하고 있던 업무에 혁신교육지구 업무를 더해서 맡기에는 다소 과중한 면이 있다는 판단도 있었을 것이다. 이에 혁신교육지구의 업무를 전담할 수 있는 팀이 양 기관에 생겨났고, 최소한 업무협의를 할 수 있는 구조가 만들어졌다.

새로운 교육협력 모델에 대한 기대

혁신교육지구 시즌 1에서 시흥시와 경기도교육청은 예산을 8:2로 분담했다. 보통 예산을 분담하면 예산에 따라 사업을 나눠서 진행하는 경향이 있다. 예를 들어 시청에서 지출하는 예산은 시청이 관리하고, 교육청에서 부담하는 예산은 지원청이 관리하는 식이다. 하지만 이렇게 사업을 나눈다면 애초에 교육협력 사업이라고 부를 이유가 없다고 생각한다. 돈과 사업단위로 역할을 나눌게 아니라 각 사업에 대해 어떤 역량을 어떻게 합칠 것인지를 고민해야 한다. 전담팀의 탄생은 이후 새로운 교육협력 모델을 만들어가는 데 큰 계기가 되었다.

사람들은 저마다 자신이 처한 입장이라는 것이 있고, 그 입장에서 생각하기 마련이다. 하지만 자신의 입장만을 주장하다가 본질을 놓치는 일이 생기는 것이 문제다. 같은 일을 하는 사람들 간의 협력은 말할 것도 없겠지만, 때론 하는 일이 다르기 때문에 협력이 꼭 필요한 경우도 있다. 하는 일과 능력이 다르기 때문에 상대방이 도와주지 않으면 도저히 해결할 수 없는 경우가 있기 때문이다.

어쨌든 혁신교육지구의 본질은 각자 제 갈 길을 가던 기관과 기관, 사람과 사람이 만나서 함께 가야만 하는 일이다. 하지만 한 번도 만나서 협력해보지 않았던 사람들이 어느 날 갑자기 긴밀한 협력체제를 갖추기란 매우 어렵다. 학교와 교육지원청 간의 관계도 그리 협력적이라고 말하기 어려운데, 심지어 대등한 관계를 주장하는 교육지원청과 지자체가 긴밀한 관계를 맺는다는 것은 더더욱 어려운 일이었다.

뜻대로 되지 않았던 첫걸음

낯선 곳에 들어가 그래도 뭔가 해봐야겠다는 생각에 우선 선생님들을 직접 만나보자는 생각으로 학교 방문을 계획하게 되었다. 23개 학교를 방문해 전체 선생님들께 혁신교육지구를 왜 하려고 하는지 안내부터 해야겠다는 생각이었다. 각 학교에 연수시간 1

시간 이상을 확보해서 희망하는 날짜를 보내 달라고 요구했고, 전체 학교를 방문할 계획을 세웠다.

그런데 막상 설레는 마음으로 찾아간 학교에서는 냉랭한 반응만 가득했다. 거침없이 불만이 쏟아졌다. 왜 우리 학교에 이렇게 많은 인력과 예산이 배정되었는가? 대체 누가 이런 예산을 신청했는가? 사전에 어떤 동의 없이, 임의로 23개교를 지정해 '당신들이 앞으로 5년 동안 이 사업을 해야 한다'고 일방적으로 통보했으니 교사들 입장에서 생각하면 충분히 나올 수 있는 반응이었다. 아마도 내가 같은 교사의 입장이었기에 더 적나라하게 감정을 드러냈는지도 모른다. 돌이켜보면 오히려 선생님들의 솔직한 심정을 읽을 수 있었던 좋은 계기였다는 생각이다.

어쨌든 처음에 나는 혁신교육지구 23개교를 매일 하나씩 방문하면 한 달에 한 번씩은 돌아가며 선생님들과 허심탄회한 이야기를 나눌 수 있을 거라고 생각했다. 같은 교사끼리 힘든 점들을 자연스럽게 나누면서 함께 고민하고 그것을 해결할 수 있는 방안을 찾는 것이야말로 나의 역할이라고 생각했다. 하지만 현실은 많이 달랐다. 뜻대로 소통이 되지 않았던 것이다.

말하자면 현장에 있는 교사들 입장에서는 교육지원청의 시스템은 그대로인데, 어느 날 갑자기 장기출장교사라는 낯선 신분의 사람이 등장한 셈이다. 선생님들은 내가 학교지원을 위해 교육청에 들어왔다고 생각하지 않는 것 같았다. 그동안 학교가 워낙 장학사나 교육지원청을 바라보는 시선이 곱지 않았기 때문에 장기출장교사도 '그 나물에 그 밥' 취급을 받았던 것 같다.

지원청 내부도 껄끄럽기는 마찬가지였다. 그들 눈에는 혁신교육지구에 대한 구성원들의 이해와 공감이 충분하지 않은 상태에서 어느 날 팀 하나가 뚝딱 만들어진 것이나 마찬가지였다. 장학사들이 기존 업무분장으로 가지고 있던 교육과정과 수업 등 대부분의 업무와 상관은 있었지만, 협의체계가 없으니 그저 각자 알아서 할 뿐이었다. 박힌 돌의 입장에서 보면 굴러온 돌인 장기출장교사가 참 이해하기 힘든 존재였을 것이다. 모두의 입장은 충분히 이해하지만, 며칠 동안은 정말 많이 속상했고 의욕이 나지 않았던 게 사실이다.

지속적인 협력을 통해 발견한 실마리

이런 상황에서 그나마 버틸 수 있었던 것은 6개 혁신교육지구 장기출장교사들의 모임이었다. 그 모임은 사업별로 지역 상황을 공유하고 보완할 점을 찾아 제도를 만들어가는 모임이었다.

자연스레 지역의 어려움을 공유하고 경기도교육청이 혁신교육지구를 계획하면서 미처 생각하지 못해서 벌어지는 일들을 찾아 정책을 보완하고, 경기도교육청도 교사들로부터 듣는 현장의 소리를 적극 반영해 나갔다.

2년간 장기출장교사로 전담팀에 근무하다 학교에서 혁신부장을 맡아서 혁신교육지구 관련 업무를 수행했다. 사업을 계획하고 집행하는 입장 모두를 경험해보고 느낀 점은 내용과 취지를 잘 알게 해준 다음에 동의를 구하며 추진하는 것과 일방적으로 업무처리 차원에서 추진하는 것은 분명 다르다는 점이었다. 교사들이 내용을 이해하고 취지에 동의할 수 있는 노력이 충분했는가? 시간을 주었는가?

혁신교육지구 전담팀을 통해 발견한 새로운 교육협력 모델

2015년 나는 장학사가 되어 혁신교육지구전담팀장으로 다시 시흥교육지원청에 들어왔다. 장기출장교사 때보다는 할 수 있는 일

이 훨씬 더 많아진 게 사실이다. 하지만 단순히 업무량이 아니라 역할 부분에서 볼 때 장기출장교사가 전담팀에 배치되는 건 매우 필요하다고 생각한다. 교직경력이 있다고 해도 장학사는 일단 전직을 한 사람이므로 현장과 긴밀하게 소통하며 수업과 교육과정에 대해 서로 배우려는 욕심을 가진 교사를 따라가기란 어렵기 때문이다.

혁신교육지구의 성장을 위한 제안

혁신교육지구와 같은 방식의 교육경비 사용은 앞으로 우리 교육이 나아가야 할 방향이라고 확신한다. 공적 예산이 일부의 힘에 좌지우지되거나 학생들에게 공평하게 쓰이지 않는 것을 여전히 목격하면서 더욱 강하게 확신한다. 그리고 그에 맞는 제도가 정비되어야 할 것이다.

더 나아가 시의회와 함께 가는 것도 매우 중요하다. 물론 교육의 방향이나 방법에 대한 합의는 매우 어려운 일이다. 하지만 그보다는 정치적 프레임으로 본질을 놓치는 경우가 있어 안타깝다. 시의회 내부에서 본질을 벗어난 힘겨루기를 하는 것을 보며 깜짝 놀라는 상황이 종종 있었다.

학교 내부에서조차도 학교, 학생, 교사, 학부모가 행복한 학교를 만들자는 것에는 동의는 한다. 하지만 어떤 학교가 좋은 학교이고, 어떻게 해야 학생과 교사와 학부모가 행복한 것인지는 사람의 머리 수만큼이나 의견이 다양한데도 제대로 들여다보지도 않고 일축해버리거나 무조건 반대를 하는 경우엔 참으로 난감하기 그지없다.

심지어 어떤 지역은 시의회에서 예산이 통과되지 않아 학교는 이미 학기가 시작되었음에도 불구하고 혁신교육지구 업무를 추진할 수 없는 상황에 놓이기도 했다. 물론 의회의 입장도 이해가 되지 않는 것은 아니다. 혁신교육지구에 대한 논의 당시 의회와 충분히 소통하고 의미를 공유했는지 돌아봐야 할 일이다.

또 하나의 어려움은 단기간에 성과를 요구한다는 점이다. 이렇게 많은 예산을 매년 쏟아 부었는데 어떤 성과가 있었느냐는 질문을 받을 때면 대체 무엇을 성과로 봐야 할지부터 난감해진다. 인풋과 아웃풋이 명료하고 매년 투자대비 성과를 측정할 수 있다면 좋겠지만, 학생들의 성장과 학교의 변화를 대체 어떤 수치로 표현해서 제출할 수 있단 말인가? 이러한 문제로 예산 심의 즈음이면 매번 어려움에 봉착해야만 했다.

함께한다는 것에 대하여

함께한다는 것의 전제는 **만남**일 것이다. 얼굴과 얼굴이 만나든 글과 글이 만나든 서로의 생각을 듣고 무엇을 하고자 함인지 공감대를 형성해가는 과정이 곧 함께한다는 것이라고 생각한다. 시흥은 시청 교육청소년과와 교육지원청 혁신교육지구팀의 협동이 유난히 좋았다. 그 기저에 존재하는 서로에 대한 믿음과 함께 상대를 의지해도 좋겠다고 생각할 만큼 서로의 전문성을 인정했기 때문이었을 것이다.

그래서 필요할 때마다 필요한 자리에 참석해서 꾸준히 혁신교육지구 이야기로 사람들을 만났다. 학부모, 교사, 동사무소, 시의회… 이런 자리들을 교육지원청에서 단독으로 만들기는 어렵다. 교육지원청에서 기획해서 만날 수 있는 범위가 있고, 시청이 주관해야 하는 자리가 있다. 혁신학교가 일반학교와 가장 크게 다른 점은 전 교직원이 **비전을 공유**하기 위해 애를 쓴다는 점이다. 목표에 도달하기 위한 방법은 사람들마다 생각이 다를 수 있지만 일단 같은 방향, 같은 목표를 세우는 것은 매우 중요하다. 그래야만 이후 앞으로 나아가는 동안 흔들릴 때마다 조율하고 협력할 수 있는 명분이 생긴다. 혁신교육지구도 마찬가지다. 무엇을 추구하고자 함인지를 먼저 명확히 짚고 가야 할 것이다.

2015년 4월 시흥시는 부시장의 제안으로 과별 학습 모임을 만들었다. 교육 분야도 예외 없이 교육 관련 부서 사람들과 혁신교육지구팀이 함께 월 1~2회씩 총 10회의 학습 모임을 가졌다. 좌장은 한국외국어대학 김용련 교수가 맡았다. 내용은 주로 시흥교육 실태분석, 교육과정 변천사 등이었는데, 시청 공무원들의 입장에서는 황당할 만한 학습 모임이었을 수도 있다.

학습 모임의 출발은 시흥시의 교육이 추구하는 바가 무엇인지 명확하지 않은 상태에서 예산이 편성되니 예산의 방향에 일관성이 없다는 데서 비롯되었다. 시흥시의 교육이 나아갈 방향을 모색해서 중장기 계획을 세우고 흔들림 없는 지원을 해야 한다는 필요성을 느꼈기 때문에 시작한 것이다. 아무리 생각해도 참 멋진 일이라는 생각이 든다. 왜냐하면 그렇게 공부를 마치고 우리들의 의견을 담은 시흥교육비전을 수립할 수 있었기 때문이다.

교육플랫폼의 성실한 모범, 시흥행복교육지원센터

혁신학교지구에 선정되기 위해 함께 머리를 맞대고 고민한 것이 엊그제 같은데, 벌써 수년의 시간이 흘렀다. 이제 시흥시에서는 지자체와 교육청 간에 다양한 교육협력 사업이 이루어지고 있으며, 나름 성과를 거두고 있다고 자부한다.

사실 지방자치가 시작된 이래로 어떤 방식으로든 지자체와 교육청의 교육협력 사업은 꾸준히 진행되어왔다. 그런데 이제 새로운 형태의 교육거버넌스, 즉 협력 방식인 **혁신교육지구**가 전국적으로 급속히 확산된 것이다. 특히 지자체-교육지원청-학교-지역사회가 연대하여 교육지원을 모색해보자는 의미에서 **교육지원센터**들이 속속 만들어지고 있다. **시흥행복교육지원센터**가 만들어진 배경도 이와 마찬가지이다.

지역마다 센터의 유형은 차이가 있다. 주로 지자체에서 만든 재단에 센터를 위탁해 운영하는 경우가 많지만, 시흥처럼 시에서 직접 운영하거나 의정부처럼 시청에서 고용한 청소년지도사를 파견하여 지원청이 직영을 하는 경우도 있고, 지자체 부서를 센터로 겸하는 경우도 있다. 센터의 설립목적에 따라 어떤 형태로 운영하는 것이 바람직한가는 다를 수 있다. 하지만 센터가 또 하나의 행정기관으로 작동해서는 안 된다는 것만은 분명하다.

수요자의 요구와 필요를 적극 반영한 시흥행복교육센터

한국외국어대학교 김용련 교수는 센터는 **학습플랫폼**으로서 역할을 수행해야 한다고 주장한다. 직접 사업을 집행하는 기관이 아니라 마치 터미널과 같은 기능을 해야 한다는 뜻이다.

승객을 원하는 곳으로 이동시키기 위해 필요한 버스와 기차를 공급받는 플랫폼의 기능을 제대로 하려면 목적지가 있는 승객이 있어야 한다. 교육지원센터는 교육행위를 지지하고 도와주기 위해 만들어졌는데, 도움을 주려는 자는 있되 도움을 받기 원하는 자가 없다면 사실상 센터는 무용지물이 된다. 수요가 많은 노선에 배차를 늘리 듯 플랫폼은 수요자의 요구를 파악하는 것이 전제가 되어야 한다. 그런 의미에서 시흥행복교육지원센터는 학습플랫폼으로서 그 역할을 모범적으로 수행하고 있다고 자부한다.

일하는 방식과 전문성이 확연히 다른 기관의 사람들이 모여 협업을 한다는 게 결코 쉬운 일은 아니다. 하지만 다르기 때문에 어쩌면 더 좋은 효과를 거둘 수 있었는지도 모른다. 시흥시는 교사의 파견이 원활히 해결되지 않자 교사를 고용휴직 형태로 채용해 센터에 배치했다. 교사의 역할은 학교의 요구와 필요에 맞는 지원을 위해 학교와 소통하는 일이다.

이를 바탕으로 지자체 각 부서는 부서에서 할 수 있는 교육 프로그램을 개발했다. 그렇게 모여진 프로그램들이 행복센터라는 플랫폼으로 모이면 학교는 그중 원하는 프로그램을 골라 교육과정에 담았다. 센터가 직접 재료를 고르고 물건도 직접 만들어 공급하고자 했다면 한계가 있지만, 이러한 방식을 통해 더 많은 정보를 집적(集積)하고 제공할 수 있었다. 더 나아가 각 학교의 우수 사례를 모으고 공유하는 기능까지도 수행할 수 있게 되었다.

자발적 협치를 이끌어낸 협업의 위대한 힘

시흥은 2015년에 공부 모임으로 시작한 것이 2016년에는 협업회로 발전했다. 한 공간에서 근무하는 사람들끼리도 담이 높다고 하는데, 시청 여러 부서의 사람들이 시간을 맞추고 필요성을 공유하며 한 자리에 모이게 하는 게 얼마나 어려운 일인지는 짐작이 갈 것이다. 그 어려운 일을 행복센터 직원이 맡아서 뚝심 있게 추진해 나간 것은 참으로 고마운 일이다.

우리는 모두들 각자 바쁘다. 모여서 의논하는 데 시간을 쓰면 각자 바쁜 시간이 훨씬 줄어드는데도 항상 각자 따로 뭔가를 열심히 한다. 그리고 그 수혜를 받아야 할 학교는 이곳저곳에서 날아드는 공문서에 지쳐 외면해버리니 대체 그동안 무엇을 위해 열심히 한 것인지에 대한 회의가 생길 지경이다.

사실 행복교육지원센터 주무관이 각 부서의 과장과 팀장, 업무담당자들을 한자리에 불러 모으기는 결코 쉽지 않았을 것이다. 때론 상처 받았을 것이고 그래서 그만두고 싶었을 것이다. 하지만 점차 모두가 **협업**의 중요성과 필요성에 대해 진심으로 공감하기 시작했다. 시는 학교가 사용하는 낯선 용어들에 익숙해졌고, 지원청은 시청 각 부서에서 교육 관련 사업들을 어떤 규모로 어떻게 고민하고 있는지 파악할 수 있는 계기가 됐다.

급기야 2017년에는 시청 16개 부서와 시흥 교육지원청 장학사가 격월 1회 한자리에 모여 협업회의를 하는 데까지 이르렀다. 각 부서에서 마련한 교육지원 프로그램들은 학교교육과정 수립 시기인 12월에 학교에 안내되었고, 학교는 이 중 학교 실정에 맞는 프로그램들을 홈페이지를 통해 원클릭 시스템으로 신청했다. 이제 학교현장의 선생님들은 시흥시가 감동스럽다는 말을 공공연히 하곤 한다. 참 뿌듯하고 고마운 일이다.

시흥행복교육지원센터의 운영 목적과 주요 업무

시흥혁신교육지구가 아직 완성에 이르렀다고 할 순 없다. 하지만 매년 진화하는 모습은 확연히 보인다는 점에서 고무적이다. 앞으로 또 어떤 상상과 실천으로 행복한 교육을 지원할지 기대하면서, 시흥시 혁신교육지구의 대표적인 성공사례인 시흥행복지원센터의 운영과 사업에 관해 좀 더 살펴보고자 한다.

궁극적 목적은 마을교육공동체 실현

2015년 개관한 시흥행복교육지원센터는 마을과 학교를 잇는 중요한 가교가 되고 있다. 배움이 삶과 동떨어질수록 아이들은 배움에 흥미를 잃고 지루해하며, 배움에서 멀어진다. 하지만 배움의 장소가 자신이 사는 마을이 되면 배움은 더욱 생생해지고, 현

실과 실천의 문제 나아가 자신의 미래와 연결시켜 한층 진지하게
받아들이게 된다.

학교와 마을을 잇는 가교, 시흥행복교육지원센터

시흥행복지원센터는 나날이 변화하는 교육정책에 신속하게 부합
하는 **마을교육과정**을 꾸준히 생산하고 있으며, 협력 모델을 구현하
기 위한 마을과 학교의 허브체제를 구축하고 있다. 그리고 마을
의 교육자원을 적극 발굴함은 물론 이를 통해 인프라를 구축해 궁
극적으로 **마을교육공동체 실현**을 목적으로 운영 중이다.

　현재 시흥행복지원센터의 주요 사업으로는 시흥창의체험학교,
마을교육과정, 학부모성장프로젝트, 시흥교육아카이브 등이 있
다. 각각의 업무를 좀 더 자세히 살펴보면 다음과 같다.

앞서 2부 2장에서 잠시 언급했지만, 시흥시의 현장학습은 시흥의 생태, 문화, 역사, 환경 등 지역 자원을 적극 활용한 다양한 체험 콘텐츠를 학년별 교육과정과 잘 연계하고 있다. **시흥창의체험학교** 야말로 학교가 어떻게 마을로 들어가는지를 보여준다.

이 체험학교에서는 시흥의 문화와 역사, 생태, 예술 등 다양한 분야의 지역 자원을 생생한 체험학습터로 만들어 학교교육과정 과의 연계를 통해 학생들이 시흥의 우수한 자원을 몸소 체험하면 서, 그 과정에서 많은 것을 배울 수 있다. 그저 단순한 체험에 그 치는 게 아닌 배움의 깊이를 더한 정규 교과과정인 것이다. 굳이 현장학습을 하기 위해 먼 곳으로 갈 필요가 없이 시흥의 학생들은 자기들이 사는 동네, 즉 마을에서 배우게 된다. 말 그대로 학교가 마을로 들어온 것이다.

체험학교에서는 도시 숲 체험, 갯벌 체험, 마을공동체 여행 등 다양한 활동이 이루어지고 있다. 이러한 체험활동이 구체적으로 어떻게 이루어지는지 살펴보기 위해 소래고등학교 이정민 선생 의 기록 일부를 살펴보려 한다.[22]

---

22. 이정민(소래고 교사) 기록. 이정민 선생님은 2017년에 혁신교육지구연구년 교사다. 1년 동 안 거의 매일 현장을 쫓아다니며 혁신교육지구 프로그램을 모니터링 하고 아이디어를 보태 주셨다.

① 도시 숲 체험

내가 시흥에서 여태까지 본 숲은 원시림도 아니고 관리가 잘 된 인공 조경도 아니라서 참 볼품없어 보였다. 거기에서 뭘 배운다는 건지 모르겠다. 행복교육지원센터에 전화해서 물어보니 소래산 중턱이 교육장이라고 한다.

시흥ABC타운 정문으로 가니 노란 조끼를 입은 아주머니 두 분이 나와 서 있다. 아무래도 학생들을 기다리고 있는 듯해서 다가가 학부모시냐고 물어보니 창의체험학교 강사라고 하신다. 좀 의외였다. 나도 교직에 꽤 오래 있어서 알지만 다른 사람 앞에 서는 것이 직업인 사람은 아무래도 표시가 나게 마련이다. 가령 허리가 꼿꼿하다거나, 기분을 드러내지 않는 특유의 무표정을 짓는다거나. 그런데 이 분들은 그냥 마을에서 흔히 마주치는 편안한 아주머니 느낌이었다.

슬슬 걱정이 몰려왔다. 학생을 가르치는 것은 아무나 할 수 있지만 또 아무나 할 수 있는 것이 아니기 때문이다. 무슨 말인고 하니, 특별히 재능이 필요한 일은 아니라도 어느 정도 지식과 경험은 필수적이라는 것이다.

9시 40분. 버스가 도착하고 아이들이 내렸다. 초등학교 1학년 병아리들이다. 담임 선생님과 인사하자마자 강사들이 아이들을 반으로 나누어 데리고 산 중턱으로 이동했다. 입학하고는 처음 나오는 야외체험학습이라 그런지 아이들은 약간 들떠 있었고, 목소리 톤도 꽤 높았다. 그런데 뜻밖에 강사 분들이 꽤 통솔력이 있다. 흥분해서 자꾸만 주의가 흩어지는 아이들을 자연스럽게 토닥거려 소래산 산림욕장으로 들어섰다.

조별로 놀이가 시작되었다. 강사가 돌멩이를 주워서 바닥에 놓고 맞추는 규칙을 설명해주었다. 아이들은 곧 놀이에 몰입하더니 끼리끼리 깔깔거리며 웃고 좋아했다. 어린 시절의 추억이 확 되살아나는 느낌이었다. 나도 어릴 때는 저런 놀이를 했었는데 그 재미있던 놀이들을 까맣게 잊어버리고, 어느새 아이들 놀이라고 하면 공장에서 찍어낸 알록달록한 장난감이나 키즈카페에서 보는 트램펄린, 전기자동차 같은 것만 떠올리게 되었다. 어른의 관점에서는 많은 돈이 드는 놀이가 더 좋은 놀이이겠지만, 정작 아이들 입장에서는 친구들과 재미있게 놀 수 있다면 비싼 놀잇감이든 돌멩이든 문제가 되지 않는다.

한참 놀이에 빠져 있다가 이윽고 강사가 아이들을 다시 모아 산중턱으로 들어섰다. 이제 싹을 틔우고 꽃봉오리를 맺고 있는 식물들을 설명해주었다. 이건 철쭉, 이건 개나리… 그 옆에는 아이들 다니도록 지어 놓은 터널이 있다. 아이들이 하나하나 들어가더니 반대편으로 모여 서로 얼굴을 쳐다보면서 웃었다. 뭐가 그리 재미있는 걸까? 갑자기 여자아이 하나가 운동기구를 보고는 대열을 뛰쳐나와 운동기구로 달려들었다. 위험해 보이니 그거 하지 말고 아이들 모인 데로 돌아가라고 외쳐보지만 소용이 없었다. 상대는 초등학교 1학년, 뭐 하나에 빠지면 주변을 새까맣게 잊어버린다. 결국 노란 조끼의 강사 아줌마가 출동했다. 가까이 가서 몇 마디 설명하더니 이내 손목을 잡고 데려왔다.

② 참이슬마을공동체 여행

2017년 4월 18일 오전 참이슬마을공동체에서 대야초등학교 4학년 학생들의 체험활동이 있었다. 일정은 놀이터 게이트볼, 가게 방문, 마을여행사 방문과 꽃차 맛보기 등으로 진행되었으며, 지역 공동체 구성에 필요한 요소들과 공동체를 통해 할 수 있는 보람 있는 일들이 잘 전달된 듯하다. 담임 교사는 프로그램에 만족했으며, 학생들은 마을에서 진행되는 재미있는 일들을 마음껏 체험하며 즐거워했다.

참이슬마을은 소주를 연상시키는 독특한 이름 때문에 알려진 곳이지만, 사실 이곳은 마을 만들기 사업으로 중앙부처와 지자체에서 다양한 상을 받고 모범적인 사례로 전국에서 언급되고 있는 유명한 아파트 단지이다. 이제 그곳에서 마을공동체 운영을 넘어 지역사회 교육에도 관심을 가지고 참여하기 시작한 것이다.

아홉 시 반에 참이슬아파트 입구에 도착해서 대야초등학교 학생들이 오기를 기다렸다. 본래 일정은 오전 열 시부터인데 한참을 기다려도 학생들을 태운 버스가 나타나지 않았다. 학교에 전화를 해보니 출발한 지 한 시간이 넘었다고 했다. 담임 선생님한

테 전화를 해볼까 그냥 돌아갈까 생각하고 있던 참에, 갑자기 아이들이 즐겁게 떠드는 소리가 들려왔다. 놀이터 쪽이었다. 현장에 가보니 여자 아이들이 놀이터 옆 공터에서 왁자지껄하게 떠들면서 게이트볼을 하고 있었다. 나는 아파트 단지 정문 쪽에서 기다리고 있었는데, 학생들은 후문 쪽으로 먼저 들어왔던 것이다.

아이들에게 게이트볼을 가르쳐주는 분들은 마을의 할아버지 할머니들이었다. 유니폼을 입고 전문성을 강조하는 엘리트 체육인이 아니라, 그저 동네 주민이 나와서 게임을 가르쳐주고 있었던 것이다. 문득 어릴 적 공동체가 살아 있던 마을에서의 경험들이 떠올랐다. 윗집 할아버지가 연 날리는 것도 가르쳐주고, 옆집 누나는 봉숭아꽃으로 손톱에 물들이는 것도 가르쳐주었는데, 고향 마을을 떠난 뒤로는 오랫동안 까맣게 잊고 지냈던 풍경이다.

노란 조끼를 입고 현장을 지키던 강사에게 담임 선생님이 어디 계시는지 물으니 남학생들과 함께 아파트 단지 반대쪽에 있다고 대답했다. 반대편을 바라보니 아이들이 줄을 서서 어디론가 걸어가고 있었다. 옆에 서 있는 여자 분이 담임 선생님인 듯 하여 뛰어가 물어보니 역시나 선생님이었다. 모니터링에 대해 말씀드리고 학생들 뒤를 따라가 보았다.

갑자기 행렬이 아파트 상가의 문구점 앞에 멈추더니, 강사가 학생들을 모아놓고 설명을 시작했다. "이 문방구점은 착하고 재미있는 아저씨가 운영하는 곳이에요. 우리가 급하게 공책 같은 게 필요한데 가진 돈이 없으면 어떻게 하죠? 보통 집으로 뛰어가죠? 그런데 여기선 집까지 뛸 필요가 없어요. 여기 주인아저씨가 이 동네 학교에서 무슨 공부하고 뭐가 필요한지 다 알고 계시고, 부모님들하고도 잘 알아요. 그래서 급한 일이 있으면 학생들이 여기 들러서 무슨 물건이 왜 필요한지 말하고 물건을 가져가요. 돈은 나중에 갖다주기도 하고 부모님들한테 받을 수도 있어요."

놀랍다. 듣고 있던 내 눈이 다 휘둥그레졌다. 이런 건 누구든 지역주민으로 살아가면서 반드시 알아야 하는 것인데, 학교에선 들을 수가 없는 말이다. 예전에야 마을살이를 하면서 저절로 터득하는 것이라 굳이 학교에서 배울 필요가 없었지만, 지금은 마을이 그러한 기능을 상실한 지 오래다. 지금 이 학생들이 다니는 대야초등학교 주변도 외지인들이 들어와 잠깐씩 머무는 경향이 강한 곳이라 마을의식은 희미한 편이다. 마을에서 자연스럽게 마을살이를 할 수 없다면 배워야 하는데, 지금까지 우리 교육에서는 그런 것을 가르쳐주지 않았다. 사람이 더불어 서로 도우며 사는 것, 그걸 지금 이곳에서 배우고 있었던 것이다.

상가로 이동하여 마을여행사 사무실에 들어가자 학생들에게 꽃차와 직접 만든 과자를 나누어주었다. 이 꽃은 아파트 단지 여기저기에 피어 있는 진달래, 들국화, 벚꽃을 따서 말렸다가 차로 만든 것이라고 한다. 유리 주전자에 넣고 뜨거운 물을 붓자 뭉쳐 있던 꽃이 다시 펼쳐지는 모양이 꽤 볼 만했다. 카페에서 파는 허브티보다 훨씬 보기 좋다. 이제 아이들은 동네 구석구석에도 예쁘고 좋은 것이 많다는 것을 자연스럽게 알게 될 것이다.

이 밖에도 시흥창의체험학교에는 창의체험을 할 수 있는 다양한 프로그램들이 마련되어 있다. 이러한 프로그램들은 살고 있는 마을 구석구석에 대한 애정을 고취시킬 뿐만 아니라, 직접 보고 만지는 등 생생한 체험을 통해 학습 호기심은 물론 창의성 함양에도 큰 도움을 준다. 그리고 시흥시는 앞으로도 이러한 프로그램들을 계속 발전시켜 나갈 계획이다.

지역사회 자원을 학교교육과정에 반영, 마을교육과정

시흥시의 특색을 반영한 지역 교육기관의 마을교육 프로그램을 **학교교육과정에 연계**하여 운영하는 사업으로 지역사회가 보유한 인적·물적 자원을 학교교육과정에 부합하도록 개발함으로써 지속적인 교육네트워크를 구축하여 시흥시 교육 발전의 시너지를 일으키고자 하는 사업이다.

마을교육과정에서 운영되는 프로그램 일부를 살펴보면 다음과 같다. 마을교육과정 운영의 좀 더 생생한 모습을 전달하기 위해 마을교육네트워크 사무국장인 안만홍 교수의 기록을 인용했다.[23]

① 다문화이해 교육

'세계시민 교육 다문화이해'라는 주제로 진행된 수업은 중국 한족 출신 손혜빈 강사가 진행했다. 워낙 한국어가 유창하여 학생들과 의사소통하는 데 전혀 무리가 없었다. 중국 전통의상을 개량한 빨간색 옷이 수업 주제에 맞게 코디를 한 것 같아 보기 좋았다. 다문화이해나 다문화체험 교육으로 진행하는 것이 일반적인데, 이번 수업의 주제는 세계시민 교육이라고 했다.

세계시민 교육이라는 주제가 신경이 쓰였다. 시민소양에 관한 주제는 사실 성인들에게도 무겁다. 지금도 꾸준히 시도하고 있는 민주시민 교육이라는 교육 콘텐츠는 누구나 선뜻 강사로 나서기에는 다소 부담스러운 주제이다. 어떻게 수업을 진행할지 자못 궁금했다.

함께 보조강사로 온 베트남 강사는 전에도 몇 번 마주한 적이 있는 분이었다. 손혜빈 강사보다는 발음이 좀 어눌하지만, 소통에는 전혀 지장이 없었다. 이번 수업을 맡고 있는 이음교육이라는 협동조합이 다문화를 주제로 일하는 곳이라 참여자 모두 한국어 실력은 좋은 편이라고 한다. 세계시민교육이라는 주제에 대한 수업은 주로 모니터를 활용해서 진행되었다.

---

23. 안만홍 교수는 한국산업기술대학교에서 생태수업을 하는 생태교육 전문가다. 생태를 주제로 꿈의학교를 운영하면서 시흥마을교육네트워크를 결성했다. 마을강사들이 마을교육공동체가 지향하는 정신을 바탕으로 학생들을 만나기 바라며 교실 수업을 참관하고 기록했다.

세계시민교육이라는 주제로 시작한 이번 수업은 다양한 나라의 인사말 퀴즈로 시작하여 퀴즈를 맞히면 아주 작은 사탕 한 봉지(중국 제품이라고 한다)를 주었는데, 아이들은 사탕을 받는 재미 때문인지 더욱 집중했다.

1교시 대부분의 시간은 다문화 옷 입어보기 체험으로 소요되었다. 옷의 종류는 다양했는데, 질이 조금 떨어지기는 했지만 실제로 그 나라에서 입는 옷이니 실감 나지 않을까 생각했다.

2교시에는 '배려'라는 주제의 태국 동영상을 보았다. 곧이어 아이들에게 풍선을 불고, 그 풍선에 각자 세계시민으로서 필요한 소양을 한 가지씩 쓰게 했다. 아이들이 참여해서 만들어가는 수업 방식으로 도입했다는 의도 자체는 훌륭했다. 다만 앞서 이야기한 대로 주제에 대한 전문성과 수업 방식은 좀 더 연구하고 고민할 필요가 있어 보였다.

2교시 시간 대부분은 다문화놀이 도구(장난감 도구) 체험이 차지했다. 역시 노는 시간은 즐겁다. 노는 것이 수업이니 아이들은 더 즐거워했다. 놀이 도구가 낡기도 하고 중학생이 가지고 놀기에 적당하지 않았지만 한번 씩 해보며 즐거워하는 모습이었다.

2교시 내내 열정적으로 강의에 임한 손혜빈 강사와 인터뷰를 하였다. 그녀는 한족이라고 했다. 2005년에 한국에 올 때만 해도 한국어를 전혀 몰랐는데, 10여 년 동안 살면서 한국인이 다 되었다. 한국인 남편과 자녀 둘이 있다. 시흥에 정착해서 여성인력개발센터, 복지관 등에서 이주여성을 위한 교육을 오랜 기간 받은 덕분에 상당한 한국어 실력을 갖춘 강사로 성장하게 되었다. 이음교육이란 단체는 2001년에 비영리단체로 등록하고, 2013년에 사회적 기업으로 선정되어 현재 4명의 임원과 10명의 이주여성들이 활동하고 있다.

원래 다문화이해 교육으로 시작했다고 하는데, 굳이 '세계시민교육'이란 용어로 수업 주제를 택한 이유를 물었다. 다문화란 용어가 다분히 차별적 뉘앙스가 내재되어 있기 때문이라고 한다. 이주여성으로서 다문화 강의를 하면서 실감했을 비애가 느껴졌다. 조언하는 셈치고 세계시민 교육보다 '세계문화 교육' 혹은 '세계문화 이해'라고 하면 부담이 덜 갈 것 같다고 제언했다. 말해놓고 아차 싶다. 당사자의 고충을 깊게 이해하지 못하고 가볍게 던진 말 같아서였다. 다문화 교육이 의상, 놀이, 악기 등에 치우쳐서 전문성이 부족해 보일 수 있다는 지적에 대해 수업을 신청하는 곳(유아교육기관, 학교)에서 일회성 체험을 요구하다 보니 어쩔 수 없다고 말했다. 조금 더 구체적인 문화 프로그램을 준비하면 잘 받아들이지 않는다고도 했다. 자신들의 전문성을 살려 한층 질 높은 다문화이해 교육을 하고 싶다는 포부를 덧붙이기도 했다.

시흥시 몇 개의 기관에서는 이주여성 대상 교육을 하고 나면 바로 다문화 강사로 파견하는데, 실제로 교육안도 제대로 안 갖추고 사진 몇 장, 그림 몇 장으로 수업을 진행하고, 아이들과의 소통도 제대로 되지 않는 수업을 진행하는 경우가 많아서 '이음교육'까지 덩달아 피해를 본다는 이야기도 덧붙였다. 손혜빈 강사는 이음교육의 대표를 맡고 있다. 손 대표와 1시간 가까운 인터뷰를 통해 다문화 교육의 한계와 나아갈 길을 어렴풋이 볼 수 있었다. 이음교육이 풀고 갈 다문화 교육의 미래가 신명났으면 좋겠다.

② 우리 모두 리더(리더십 함양 프로그램)

금모래초등학교 5학년 1반부터 5반까지 사우디 단체에서 온 강사 5분이 1, 2교시에 동시에 강의를 시작했다. 전부 다 돌아볼 순 없어서 대표 강사와 한 분의 수업을 참관하게 되었다.

강사가 모둠별로 다니며 주제에 대해 아이들의 의견을 서로 이야기 하도록 유도하고 진행하지만, 인물의 업적에 관해 아이들이 외우고 있는 정보만으로는 커다랗고 하얀 전지를 채우기가 쉽지 않아 보였다. 하지만 몇 개의 모둠은 각자의 자리를 마련하여 자신만의 생각지도를 적고 그리는 모습을 볼 수 있었다.

모둠을 구성하고 다 함께 토론하고 이야기를 나누는 방식의 수업일 경우에는 강사 한 명만으로는 수업의 효율성이 낮을 수 있다. 함께 진행을 도와줄 사람이 필요하다. 담임 교사가 이런 역할을 해주면 좋겠는데… 사전에 수업 내용과 진행 방식에 대해 협의하는 과정이 좀 더 필요해 보였다.

모둠별로 적고 그리는 작업이 마무리되고 발표시간을 가졌다.

모둠 전체가 나와서 발표자를 선정해서 발표했다. 멋쩍어 하는 아이들도 있지만 대부분 발표를 잘했다. 누구든 무대의 주인공이 되고 싶어 한다. 앞에 나선다는 건 자신감, 자존감의 형성을 위해서 반드시 필요한 과정이다. 따라서 다른 이들 앞에서 자신의 이야기를 보여줄 수 있는 훈련은 매우 중요하다. 모둠 구성원들의 이야기를 빠짐없이 잘 전해주는 훈련도 필요하다. 잘 토론하고, 잘 경청하고, 쉽게 정리해서 일목요연하게 발표하는 역량을 갖추면 리더로서의 기술적 소양을 갖춘 것으로 볼 수 있겠다. 수업 마지막에 시흥의 인물 이야기를 보여주었다. 복음자리 빈민운동의 대부라고 불리는 고(故) 제정구 님의 이야기도 있다.

5명의 강사로 구성되어 있고, 몇 분의 보조강사도 있다고 한다. 3년 정도 활동하고 있는데 자긍심이 대단했다. 원래는 5회 수업으로 구성하여 제안했는데, 심사 과정에서 3회로 줄었다고 한다. 수업의 성과를 내려면 1년 과정은 되어야 한다고 단체 강사들은 주장한다. 도창초등학교 사례를 들면서 5, 6학년 대상으로 1년간 리더십 교육을 통해 아이들이 성장한 사례가 있다고 말했다. 그리고 학교에서는 진행하기 어려운 수업이라는 말도 덧붙였다. 1년 과정이어야 하는 수업을 3회로 끝내야 하는 것이 문제가 있다는 말이다. 그러나 수업의 길이와 횟수의 문제보다 더 고려하고 고민해야 할 것은 따로 있다고 생각한다. 그것은 바로 마을교육의 정체성을 세우는 일이다.

리더십 교육의 목적이 무엇일까? 아이들이 남을 배려하고 나 외에 다른 이들과 소통할 수 있는, 인성의 토대를 세우는 것이다. 결국 이를 통해 좋은 어른으로 성장하게 하는 것, 이것이 민주시민 교육의 목적 아닐까? 좋은 어른이 많아지면 좋은 사회가 되는 것은 당연지사, 좋은 사회는 좋은 마을이 모여서 이루어지는 것이다.

'리더' 하면 떠오르는 인물이 조금 더 우리와 가깝게 살아가고 쉽게 만날 수 있는 사람들이라면 어떨까 하는 생각이 든다. 마을 에서 일을 하면서, 마을 주민들과 작은 나눔의 봉사라도 실천하 고, 사소한 일이라도 정의롭지 않은 일이라면, 바로잡기 위해 노 력하는 마을분이라면 누구든 리더라고 할 수 있어야 한다. 리더 는 단지 위인전에만 존재하는 인물이 아니라 우리가 살고 있는 마 을에도 있다는 것이 주제가 된다면 어떨까? 우리 사회에서 최고 의 리더 중 한 분으로 항상 꼽히는 백범 김구 선생께서 한 말씀이 다. "위대는 평범이외다."

이 외에도 시흥행복지원센터는 지역사회와 학교가 협력하여 다 양한 마을교육 프로그램을 개발·운영하고 있다. 학부모들도 자녀 중심의 개별 학부모 참여를 넘어서, 학교의 엄연한 공동주체로서 건강한 교육파트너십을 구축하고 책임을 공유할 수 있도록 지원 하는 학부모성장 프로젝트도 그중 하나이다. 초·중·고 학부모회 네트워크 프로젝트를 통해서는 소통을 강화하고, 학교와 마을의 연대를 굳건히 하고 있다. 또한 학부모회 실천 매뉴얼 제작을 위한 실천 과정과 학교폭력 등 회복적 생활교육을 위한 참여식 학부모 포럼도 주최하고 있다.

또한 시흥혁신교육지구와 관련하여 가치 있는 자료들을 수집, 가공, 보관하는 시흥교육아카이브 프로젝트도 빼놓을 수 없다. 아카이브를 통해서 시흥 전역에서 활발히 진행되고 있는 혁신교육 현장의 생생한 모습부터 지원과 관련된 정보, 더 나아가 수업과 관련된 다양한 온라인 자료들까지 한눈에 볼 수 있는 서비스를 제공하고 있다. 감정코칭, 능곡동 선사마을축제, 장곡노루마루축제, 시흥고학부모동아리, 논곡중 보드게임지도사자격과정, 진로창작 행진인, 예술꿈 프로젝트 교사워크숍, 승지초등학교 전문적 학습공동체, 중등혁신연구회 주최 공개강좌 등 시흥혁신교육지구의 모습을 생생하게 확인할 수 있을 것이다.

새로운 배움을 열어가는
꿈의학교

꿈의학교는 경기도 혁신교육지구를 대표하는 사업 중 하나이다. **꿈의학교** 취지는 온 지역사회가 힘을 모아 새로운 학교와 새로운 배움을 열어가는 다양한 프로그램을 제공하는 것이다. 배움이 삶과 동떨어진 것이 아니라, 삶 속에 더욱 가까이 다가가는 것이다.

시흥시도 다양한 꿈의학교 프로그램을 운영하고 있다. 꽃꿈 꿈의학교, 남시흥오케스트라 꿈의학교, 정왕꿈의학교 '여기'미디어반, 정왕생태꿈의학교 다큐제작반, ABC발달장애인 꿈의학교 등이 그러하다. 모든 꿈의학교가 의미 있고 활발한 활동을 펼치고 있지만, 그중 꽃꿈 꿈의학교와 경기도 꿈의학교 중 유일하게 장애인을 대상으로 한 꿈의학교인 ABC발달장애인 꿈의학교에 대해 간략하게나마 소개하려 한다.[24]

꽃에 대한 모든 것, 꽃꿈 꿈의학교

매화동 동네관리소가 운영하는 '꽃꿈' 꿈의학교는 학생들이 심은 꽃으로 꽃차, 꽃피자, 꽃비빔밥, 꽃화채 등을 만들어 먹으며 꽃에 대해 배운다. 꽃차소믈리에들인 강사들은 학생들에게 꽃 이름부터 시작해서 꽃에 대한 모든 것을 가르쳐준다.

매화초 6학년 3반 두 어린이를 만났다. 토요일 아침 수업에 나오는 것이 힘들지 않으냐는 질문에 토요일도 아침 6시에 일어나기 때문에 특별히 힘든 점은 없다고 한다. 일반적으로 토요일 오전에 진행되는 수업에는 지각하거나 빠지는 학생이 많다. 특히 많은 중·고등학생들이 주말 오전에 한 주 동안의 부족한 수면을 보충하기 때문이다. 그럼에도 불구하고 꽃꿈 꿈의학교 학생들은 토요일 오전 수업임에도 출석률은 비교적 높은 편이었다.

맨드라미, 패랭이, 메리골드, 한련화 … 자기들이 심은 꽃 이름을 줄줄이 댄다. 이곳에서 중고생 언니들도 친해졌고, 어린 동생들도 많이 생겼다. 언니들은 여전히 좀 무섭기도 한데 길에서 만나면 "안녕, 친구야!" 하고 큰 소리로 불러서 놀라곤 한단다.

---

24. 주영경 시흥마을교육네트워크 대표의 기록을 인용했다. 주영경 대표는 지역에서 마을신문을 만드는 편집장이다. 신문이 마을운동의 중요한 매개라 여기며 5년째 마을신문을 발간하고 있다. 학교신문이 마을신문의 역할까지 할 수 있도록 마을학교에서 신문반 수업을 하는 마을학교 교장이기도 하다. 꿈의학교를 취재하는 의미로 시흥에서 운영되고 있는 꿈의학교를 들여다보았다.

A(art), B(body), C(culture)를 주제로 뮤지컬, 농구, 국악 프로그램 등을 운영한다.

ABC발달장애인 꿈의학교는 중·고등학교 발달장애인을 대상으로 하고, 학생들이 원하는 수업을 선택해서 들을 수 있다. 주로 주말에 수업이 이루어지며, 장애인 자활기업과도 연계가 되어 있어 사회성 훈련을 받은 학생들이 자활기업으로 취직을 하기도 한다. 졸업을 앞둔 고등학교 3학년 학생들을 위해 꿈의학교 연장으로 발달장애인 대안학교를 설립하기로 하고 준비단계로 성인 장애인을 모집하고 있다.

이 꿈의학교 대표는 장애인 비장애인 구별 없는 사회를 만드는 것이 목표라고 한다. 장애인 자녀를 둔 부모의 어려움에 대해서도 깊은 공감을 가지고 있었다. 경기도의 400여 개가 넘는 꿈의학교 중 장애인을 대상으로 하는 꿈의학교는 시흥시의 ABC 꿈의학교가 유일하다.

05

혁신교육지구,
지역사회 꿈의 허브가 되다

청소년들이 자기가 좋아하는 일을 찾고 그 일들을 마음껏 경험할 수 있는 공간을 갖춘 마을, 학교와 마을을 넘나들며 생(生)의 스토리를 만들어갈 수 있는 지역, 이런 지역으로 거듭나기까지 뿌리가 되어주었던 것이 있다. 경기도교육청이 제안하고 지자체가 손을 내밀어 만든 **혁신교육지구**가 바로 그것이다.

이제부터 소개할 두 개의 짤막한 이야기는 시흥시 혁신교육지구에서 자신의 꿈을 발견하고 소중히 키워가는 학생들의 모습을 담고 있다. 짧은 일화지만, 혁신교육지구의 취지와 나아갈 방향을 이해하는 데 도움이 되리라는 생각에 덧붙였다.

대장금을 선망하는 소녀에게 요리사의 길을 안내하다

지영이는 오늘도 학교수업이 끝나자마자 서둘러 버스에 올랐다. 한 시간이 넘는 거리지만 지영이는 하루 중 이 시간이 가장 기다려진다. 어느 날은 버스를 잘 못 타서 길을 잃고 한참을 헤맨 적도 있다. 그럼에도 불구하고 일정이 겹쳤던 딱 하루를 제외하고는 지난 6개월간 수업이 있는 날이면 어김없이 이 길을 왕복했다.

지금 지영이가 가고 있는 곳은 시흥시 마을학교 〈여기〉라는 곳이다. 그곳엔 상상력을 마음껏 발휘할 수 있는 요리수업 '삼시세끼'가 기다리고 있다.

지영이는 유치원에 다닐 때 드라마 대장금을 보며 요리사가 되겠다는 꿈을 품었다. 그리고 고등학교 2학년이 된 지금까지 한 번도 그 꿈이 변한 적은 없었다. 하지만 꿈을 이루기 위해 무엇을 어떻게 해야 할지 몰랐고, 요리사라는 직업이 생각하는 것보다 훨씬 고된 일이라는 엄마의 반대로 아무런 시도도 해보지 못한 채 시간만 흘려보내던 나날이었다. 그러던 중 2015년 여름 시흥교육지원청에서 주최한 진로축제에 참가했다가 정왕마을학교 〈여기〉라는 곳을 알게 되었다. 각종 홍보부스가 즐비하게 늘어선 사이를 기웃거리다 마을학교 〈여기〉가 눈에 띈 것이다. 그리고 무심코 펼친 홍보지에서 마치 운명처럼 '삼시세끼'라는 요리수업을 발견했다. 지영이는 한 치의 망설임도 없이 그 자리에서 수업을 신청했고, 그 이후부터 지금까지 열심히 다니며 꿈을 향해 한 걸음씩 차근차근 내딛고 있는 중이다.

무엇보다 마을학교의 좋은 점은 대부분의 수업에 학생들의 의견이 그대로 반영된다는 것이다. "이렇게 해라, 저렇게 해라!" 하며 지시하는 선생님이 없다. 중학교 1학년 친구들과 같은 모둠이었던 지영이는 역할도 의논해서 분담하고 요리에 관한 상상력을 마음껏 발휘할 수 있었다. 선생님들은 지켜보다가 어려움을 호소할 때 도움을 주는 역할을 해줄 뿐이다. 나머지는 학생들이 스스로 결정하고 실행하는 구조로 운영되고 있다.

지영이에게 왜 요리사가 되고 싶은지 물었더니 "요리하는 시간이 너무 즐겁고, 특히 내가 요리한 음식을 다른 사람이 맛있게 먹는 것을 볼 때 정말 행복해요"라고 말했다. 지영이는 12월에 삼시세끼 수업을 수료하고, 마을학교 요리 동아리를 신청했다. 앞으로도 요리가 즐거운 또래 친구들과 함께 요리 동아리 활동을 이어갈 계획이고, 지영이가 활동할 수 있는 공간과 비용은 마을학교에서 모두 제공할 것이다.

몸 쓰는 게 마냥 좋았던 개구쟁이의 잠재력을 이끌어내다

개구쟁이 창현이 주변은 늘 친구들로 북적거린다. 창현이는 몸과

말 표현이 특출해 함께 있는 사람들에게 즐거움을 주는 재주를 지닌 아이다. 때로는 넘치는 에너지와 끼를 주체하지 못해 좁은 교실이 갑갑했고, 한시도 가만히 있지 못한다며 선생님께 종종 꾸중을 듣기도 했지만, 워낙 어려서부터 남들 앞에 나서는 것을 좋아했고, 초등학교 때는 교육과정 발표회에서 늘 대표로 무대에 오르곤 했다.

악기도 잘 다루고 노래도 잘하지만 창현이가 특히 좋아하는 분야는 연극이다. 그런데 올해 지금 다니고 있는 중학교 앞에 연극반을 운영하는 마을학교가 생겼다. 연극을 전공한 선생님께서 지도를 해주시고 학교에 다니건 다니지 않건 간에, 초·중·고에 관계없이 누구나 연극반에 들어갈 수 있다는 말에 마을학교의 문을 두드렸다. 발성, 무대사용법 등 기초부터 직접 연극의 주제 정하기부터 시나리오 쓰기, 무대 꾸미기, 소품 제작 등 연극의 처음부터 끝까지 학생들의 손에서 창조되는 기쁨을 누릴 수 있었다.

이렇게 만들어진 작품을 **경기도 꿈의학교 성장발표회** 자리에서 발표하는 기쁨도 누렸다. 아직은 좀 어설프고 초등학교 동생들을 챙겨가며 수업에 참여하는 것이 때론 힘들기도 하지만, 자신이 하고 싶은 이야기를 연극을 통해 표현할 수 있다는 것이 기쁘고 또 즐겁다. 내년에는 청소년뿐 아니라 연극에 관심 있는 어른들도 함께 작품을 만들어 무대에 올리는 것을 계획 중이라고 했다.

이 마을학교 교장선생님이 늘 하시는 말씀이 "「척」하지 말고

「진짜」로 하자"이다. "동네에 어른이 있는데 왜 아이가 어른 분장을 하고 어른인 척 해야 하냐? 어른은 어른 역할을 하고 아이는 아이 역할을 하면서 연극에 동네 이야기를 담아서 나눠보자"라고 주장한다. "의회체험이 아니라 청소년에 관한 문제는 청소년들이 직접 안을 내고 청소년 의회를 통해 통과시키는 동네를 만들자." 이렇듯 아이들도 청소년들도 어른들도 각자 자신의 목소리를 내고 주어진 몫을 할 수 있는 마을을 만들어보고 싶어서 마을학교를 운영한다고 했다.

꿈의학교 성장발표회의 모습

06

앞으로 남은 과제와
추구해야 할 가치

어렵게 한 발 내 딛었는가 싶으면 또다시 원점이고, 이제는 협력 관계를 이루었나 싶다가도 이것이 과연 협력일까 싶은 회의가 생겼다. 특히 지자체와의 협력은 묘한 결이 느껴지는 게 사실이다. 이런 느낌에 대한 이유를 사람들은 여러 가지로 말한다.

"서로가 얻고자 하는 것이 다르기 때문이다."

"일 하는 방식의 차이다."

"돈은 우리(지자체)가 내는데, 생색은 교육청이 낸다. vs 왜 시청 일을 교육청이 대신 해주느냐?"

왜 혁신교육지구를 하는 것인가?

이런 지난한 갈등에 대한 답을 찾기 위해 이제 근본적인 질문을 다시 한 번 던질 수밖에 없다. 바로 "우리가 왜 혁신교육지구를 하고 있는가?"에 관해서다. 지자체가 알아서 편성하고 사용할 수 있는 교육경비를 왜 군이 교육청과 상의해서 집행하려고 하는지 짚어봐야 한다는 뜻이다.

"교육청을 통하면 지자체가 원하는 사업을 좀 더 쉽게 할 수 있기 때문인지?"

"교육에 좀 더 전문적인 사람들과 상의해서 교육경비가 필요한 적재적소에 잘 쓰이기를 바라는 것인지?"

교육청 또한 기존의 방식으로 학교와 소통하고 지원하면 될 텐데, 왜 군이 지자체와 손을 잡고 추진하려 하는지에 관해서 다시 한 번 생각해봐야 한다.

"지자체가 예산이 많으니 학교에 필요한 예산을 얻기 위해서?"

"학교를 지원하는 데 있어 교육청만의 힘으로는 한계가 있으니 지역사회 전문가인 지자체와 협력해서 다각적인 지원을 하기 위해서?"

때론 의견이 맞지 않을 때도 있다. 너무나 당연한 일이다. 그때마다 '**왜**', '**무엇을 위해**' 우리가 만났는지 끊임없이 질문을 던져야 할 것이다. 때론 설득하고 또 때론 설득당하면서도 우리가 잊지 말아야 할 것은 교육청 또는 지자체의 만족이 아니라 학생들의 성장에 뜻을 두어야 한다는 점이다. 말은 쉽지만 서로에 대한 원망을 참았던 날도 있었을 것이고, 함께 기뻐한 날도 지나오며 여기까지

왔다. 누가 누구에게 날을 세워서가 아니라 그렇게 맞춰가는 과
정이 결코 쉽지 않았다는 이야기다.

우리가 추구하려는 가장 중요한 가치에서 답을 찾아라

전국 대부분의 지자체가 교육에 예산을 사용하고 있기는 하다.
하지만 혁신교육지구에 참여한 지자체는 교육경비지원에 관한
조례를 제정 또는 개정해가면서 교육예산을 확보했다. 사람들은
이렇게 우려의 말을 한다. "혁신교육지구는 결국 예산 사업이다.
돈이 없어지면 어떻게 할 것이냐?" 하지만 우리가 납세의 의무를
거부하지 않는 이상 돈이 없어지지는 않는다. 다만 돈이 어디에
쓰이느냐의 차이일 뿐이다. 시흥시장이 늘 주장하는 말이 있다.

"대한민국이 가진 거라곤 사람밖에 없지 않은가? 사람 키우는
데 아낌없이 투자하는 것! 이것이 바로 대한민국에 대한 투자다.
학교에서 우리 아이들 기르는 데 필요하다면 달러 빚을 얻어서라
도 지원할 테니 시에 더 많이 요구하고 선생님들은 학생들 키우는
데 전념해 달라."

어떤 **가치**를 더 중요하게 여기느냐에 따라 예산편성은 달라진
다. 따라서 예산지원이 끊길 것을 걱정할 게 아니라, 앞으로 당연
히 써야 할 곳에 예산이 쓰일 수 있도록 노력하는 것을 우선시해

야 할 것이다.

혁신학교를 처음 시작할 때도 일부에서는 혁신학교에 예산을 쏟아붓다가는 학교 지붕에 비가 새도 고칠 예산조차 남아나지 않을 거라며 우려하는 소리가 있었다. 물론 일반학교에 비해 추가 예산이 지원되는 것이니 예산의 형평성을 따지고 든다면 할 말이 없다. 하지만 학교가 변해야 한다는 시대적 요구에 발맞추는 데 드는 비용 치고는 턱없이 적은 예산이라고 생각한다. 혁신교육지구는 앞으로 더욱 확대되어야 한다. 단기간에 성과가 나타나는 것은 아니지만 사람 키우는 데 들인 정성은 언젠가는 반드시 나타날 것이기 때문이다.

전국의 226개 기초자치단체 중 99개의 혁신교육지구가 운영 중에 있다(2018년 3월 1일 기준). 학교와 지자체가 더욱 긴밀하게 협력하고 학교현장의 요구를 외면하지 않는 교육정책이 만들어져야 한다는 목적으로 기초자치단체를 중심으로 혁신교육지방교육협의회도 창립되었다(2018년 3월 31일).

교육은 학교만이 감당해야 할 몫도 아니며, 교육을 받는 대상이 학생들에만 국한되는 것도 아니다. 이에 혁신교육지구는 지역사회 전체가 서로 배우고 함께 성장하며, 나아가 **마을교육공동체**로 성장해가는데 씨앗이 되었다고 자부한다. 앞으로 더 많은 곳에서 혁신교육지구를 통한 교육혁신운동이 일어나길 바란다.

몸과 마음이 건강한 청소년이 더 많아졌으면 좋겠다. 무엇을 배운다는 것이 참 즐 겁다고 말하는 청소년이 더 많아졌으면 좋겠다. 학교에 가는 발걸음이 더 가벼워 졌으면 좋겠다. 우리 마을에서 사는 게 더 행복해졌으면 좋겠다. 우리의 소중한 아동과 청소년들을 위해서 학교와 마을이 지금보다 더 많이 협력하면 좋겠다.

이러한 희망과 바람으로 도봉구는 마을교육공동체를 만들어가려 한다. 도봉구는 현재 학교교육이 직면한 여러 가지 문제를 해결하기 위해 학교를 실질적으로 지 원하고, 학교와 마을이 더욱더 협력하는 지원체계를 만들어, 학생과 학부모와 교 사와 지역주민 모두가 행복한 교육도시를 만들기 위해 2014년부터 새롭고 혁신 적인 시도를 하는 중이다. 우리 아이들의 온전한 성장을 위해 다함께 힘을 모으려 는 핵심의지를 바탕으로 추진되고 있는 도봉구의 혁신교육지구 운영은 어떻게 이 루어지고 있을까? 3부에서는 도봉구가 혁신교육지구로 성장하기까지의 과정과 함께 방과후 마을학교를 중심으로 한 혁신교육지구 운영 사례를 살펴볼 것이다.

PART 03

현장탐방 ②
도봉구의 혁신교육지구

학교는 수업을,
마을은 방과후를

by 박동국

도봉구는 그동안 학교에서 운영을 맡아온 방과후학교를 지자체가 직접 운영해 성과를 거두고 있다면서요?

그렇습니다. 이곳의 교육거버넌스와 운영 실례를 살펴보는 것은 서울형혁신교육지구를 이해하는 데 도움이 될 것입니다.

3부에서는 혁신교육지구가 어떻게 운영되고 있는지 도봉구의 사례를 통해 살펴볼 것입니다.

아울러 앞으로 혁신교육지구를 더욱 확산·발전시켜 나가는 데 의미 있는 아이디어를 제공해줄 것입니다.

CHAPTER 01

도봉구 혁신교육지구의 탄생

"
도봉구 역시 경기도의 시흥과 마찬가지로 서울시의 대표적인 혁신교육지구 성공 사례로 꼽힌다. 아프리카 속담의 "한 아이를 키우기 위해서는 온 마을 이 필요하다"라는 말처럼 도봉구는 아동, 청소년의 건강한 성장과 배움이 더 이상 학교만의 책임일 순 없다고 강조하며, 지역의 모든 인적·물적 자원이 학생들의 온전한 배움과 성장을 위해 제공되도록 힘쓰고 있다. 시교육청, 서 울시, 지역사회가 서로 협력하여 아동과 청소년의 건강한 성장과 배움을 지 원하기 위해 다양한 노력을 기울이고 있는 것이다.
"

서울에 상륙한
혁신교육지구

서울형혁신교육지구는 "모두에게 신뢰받는 공교육혁신을 이루기 위해 교육청, 서울시, 자치구, 지역주민이 참여하고, 지역사회와 학교가 협력하여 새로운 교육 모델을 실현하도록 서울시와 교육청이 지정하여 지원하는 자치구"라고 정의한다.

2015년에 11개 자치구로 시작하여 2016년 20개 자치구로 확대되었으며, 2018년 현재 서울형혁신교육지구는 서울의 25개 자치구 중에 22개 자치구가 참여하고 있다. 바야흐로 서울 전역에서 학교와 마을의 새로운 협력시대가 열린 것이다.

'교육도시 서울', 혁신의 서막을 열다

서울의 혁신교육지구는 2010년 진보교육감의 등장 이후 혁신학교가 생겨나고 지역과 학교 간 협력의 필요성이 점점 중대되면서, 서울시교육청과의 대응투자로 구로·금천구에서 시범적으로 운영되기 시작했다.

이후 2014년 6월 4일 치러진 지방자치 선거에서 서울은 야권의 박원순 서울시장과 진보성향인 조희연 서울시교육감이 당선되었다. 또한 서울의 25개 구청장 선거에서도 서초구, 강남구, 송파구, 중랑구, 중구 총 5구를 제외한 20개 구청장이 모두 야당(구 새정치민주연합) 후보가 당선되었다.[1] 교육청과 시청 및 구청이 함께 협력사업을 할 수 있는 절호의 기회가 생긴 것이다.

예상과 같이 현재 서울은 25개 자치구 중 22개의 자치구가 서울시와 서울시교육청이 공동으로 지정하는 혁신교육지구에 참여하고 있다. 특히 박원순 서울시장은 2014년 4월 '**교육도시 서울**' 플랜을 발표했는데, '교육도시 서울' 플랜의 세부사업인 교육우선지구가 바로 서울형혁신교육지구의 전신이라고 할 수 있다. '교육도시 서울' 플랜의 일환으로 서울시에서 교육우선지구로 11개 자치구를 선정 운영하면서, 마침내 **서울형혁신교육지구**의 서막이 열렸다.

---

1. 2010년 제5회 지방선거에서는 서울의 25개 구 중에서 서초구, 강남구, 송파구, 중랑구 4개 구만 한나라당 후보가 당선되었고, 21개구가 민주당 후보가 당선되었다.

강력한 민-관-학 거버넌스 중심의 서울형혁신교육지구

2014년 11월 17일, 나는 학교교사에서 서울시 도봉구청장의 교육정책특보로 자리를 옮기게 되었다.[2] 마침 이날은 서울 교육에 길이 남을 역사적인 날이기도 하다.

2014년 민선 6기 지방자치선거 이후 서울시와 서울시교육청은 서로 적극적으로 협력해왔다. 그러한 협력이 결실을 맺어 서울시와 서울시교육청은 2014년 11월 17일 〈상생과 협력의 글로벌 교육도시 서울선언〉[3]을 발표함으로써 20대 협력사업을 공식화했다. 이 중에서 **서울형혁신교육지구**[4]는 20대 협력과제 중 핵심사업으로 서울시, 서울시교육청, 자치구가 서로 협력하여 혁신교육도시를 만들고자 하는 최초의 시도이다. 교육자치와 일반자치가 구분되어 있는 우리 현실에서 2014년 11월 17일은 서울의 교육을 넘어 한국의 교육 역사에 길이 빛날 매우 중요한 날이라고 할 수 있다.

---

2. 도봉구청 임기제공무원 신분으로 구청장의 교육정책특별보좌관이 된 지도 어느덧 4년이다. 당시도 그렇고 현재도 그렇지만 현직 교사가 지방자치단체인 행정구청에서 일하는 경우는 전례가 없는 한국 최초의 일이다. 도봉구청과 서울시교육청에서는 내가 구청과 학교 및 교육청을 일상적으로 연결하여 일반자치와 교육자치의 협력자 역할을 하고 있다고 말한다. 나 또한 개인적으로도 학교가 아닌 구청에서 일하면서 매일매일 매우 특별한 경험을 하고 있다.

3. 이 선언의 내용은 앞으로 내가 도봉구에서 해야 할 일의 비전과 목표가 되었다. 마치 서울시장과 서울시교육감이 나에게 도봉구에 가서 "이렇게 일을 하세요~"라고 가이드라인이나 작업지시(?)를 내려준 것 같은 기분이랄까?

4. 교육청, 서울시, 자치구, 지역주민의 협력을 통해 혁신교육정책을 추진함으로써 모두에게 신뢰받는 공교육혁신을 이루기 위해 교육청이 지정하여 지원하는 자치구 - 출처: 〈2015 서울시교육청 주요 업무계획〉

서울형혁신교육지구는 시작부터 서울시와 서울시교육청 및 자치구의 관·관(官·官) 협력에서 출발하여 자치구 단위의 운영에 이르기까지 협력을 빼놓을 수 없다. 이렇듯 서울형혁신교육지구의 주요한 특징을 꼽으라고 하면 바로 **민·관·학 거버넌스**, 즉 **협치**를 말하지 않을 수 없다. 혁신교육지구의 개념에서 보듯이 참여하는 주체가 서울시, 서울시교육청, 자치구, 지역주민, 지역교육청, 학교, 시민사회단체와 마을공동체 등 지역단위로 보자면 거의 모든 교육 관련 주체들이 참여하고 있다. 자치구별 최소 100여 명에서 최대 300여 명에 이르는 사람들이 운영협의회, 실무협의회, 분과협의회, 실무활동가 등으로 참여하고 있다.

예산의 편성과 집행의 변화가 불러온 질적 변화

민관학의 상호 협치는 또 다른 변화를 불러왔다. 2010년 6월 지방선거 이후 서울의 구청장들은 교육지원사업[5]을 과거와는 다르게 운영하기 시작한 것이다. 무엇보다 학교에 지원해주던 교육경비보조금의 용처가 달라지기 시작했다. 시설환경 개선을 위한 각종

---

5. 김영배 성북구청장은 2010년 9월 서울에서 처음으로 성북구 관내 초등학교 6학년 무상급식을 실시, 김성환 노원구청장은 2013년 '마을이 학교다' 사업 실시, 이동진 도봉구청장은 2014년 6월 선거에서 교육 분야를 주요 공약으로 제시하여 도봉구의 교육발전을 위하여 혁신교육지구 등의 교육 사업을 추진 중이다.

공사비 위주로 사용되던 교육경비보조금이 무상급식 지원비, 예비혁신학교 지원비, 교육프로그램 지원비 등으로 전환된 것이다. 그뿐만 아니라 교육지원 자체예산을 만들어 마을학교, 청소년 동아리활동, 도서관 건립 등 각각 지자체의 미래를 위해 질적인 변화를 시도하고 있다.

이와 같이 서울은 분명 예전과는 확연히 다르게 진화하고 있다. 그리고 학교의 혁신, 학교와 마을의 협력, 서울시와 자치구의 혁신교육지구 참여로 이어지는 교육도시 서울 만들기는 현재까지도 계속 진행 중이다.

도봉구는 왜
혁신교육지구를 추진했나?

현재 도봉구는 아동·청소년의 건강한 성장과 배움을 지원하는 학교·마을교육공동체 구축이라는 비전 아래 혁신교육지구를 적극 운영하고 있으며, 지자체가 직접 운영하는 다양한 방과후 활동의 경우 혁신교육지구 운영의 대표적인 성공 사례로 꼽히고 있다. 하지만 과거의 도봉구는 교육만족도와는 다소 거리가 먼 비교적 낙후된 지역이었다. 도봉구가 혁신교육지구를 강력히 추진하게 된 것도 다음과 같은 이유 때문이다.

낮은 공교육 만족도

2013년, 도봉구는 교육발전 중장기 종합계획을 수립하기 위해 도봉구 관내 학부모 1,400명을 대상으로 설문조사를 실시했다. 설문조사 결과에 따르면 도봉구 교육환경이 타 지역에 비해 떨어진다는 응답이 36.2%로, 타 지역에 비해 낮다는 응답인 19.8%를 압도했다. 또한 학부모의 학교에 대한 만족도를 살펴봐도 초등학교가 55.4%, 중학교가 39.6%, 고등학교가 37.1%로 나타나 전반적으로 낮은 만족도를 보였다. 특히 소득 수준과 학력이 높을수록 도봉구의 교육환경에 대한 인식이 더욱더 부정적인 것으로 나타났다.

종합하면 도봉구의 교육 수준 향상을 바라는 주민들의 요구는 매우 높은 반면, 도봉구 학부모와 주민들이 도봉구의 교육에 대해 낙제점을 줄 만큼 매우 부정적인 시각을 가지고 있었던 것으로 보인다. 물론 학부모와 주민들이 생각하는 교육환경이라는 것이 서울 강남구의 대치동, 양천구의 목동, 노원구의 중계동에 있는 대학 입시학원이 도봉구에는 없다는 것과 도봉구 고등학교의 대학 진학률을 보고 판단했을 수도 있다.

앞으로 공교육이 어떤 방향으로 나아가야 하는지에 대해서는 저마다 생각하는 바가 다를 수 있다. 하지만 어쨌든 과거 도봉구의 경우, 부정적인 시각이 대다수를 차지하고 있었으며, 이에 대한 대책과 해결을 바라는 요구와 민원이 많았다는 것은 부인할 수 없는 사실이다.

지속적인 인구 감소

지난 12년간 도봉구의 인구는 약 4만 명이 감소했다. 인구 감소는 비단 도봉구만의 문제는 아니다. 전국의 다른 지자체 인구도 지속적으로 감소하고 있기 때문이다. 하지만 도봉구의 경우 2005년 384,000여명 이었던 것이, 2014년에는 354,000여명, 2017년에는 344,000여명으로 2005년과 비교해 2017년의 인구가 무려 40,000여명이나 줄어들었다.

인구 감소에 따른 영향으로 60세 이상의 인구는 급속히 증가한 반면 10대 이하의 아동·청소년 인구는 전체 인구의 18.3%로 감소 현상이 뚜렷했다. 특히 자녀들이 고등학교로 진학할 때, 교육을 위해 거주지를 타 지역으로 이동하는 현상이 증가하는 추세이며, 이로 인해 도봉구 고등학생의 대학진학률은 서울시 자치구 평균인 62.8%보다 낮은 56.7% 수준이었다.

다양한 문화시설의 부재

도봉구의 낮은 공교육 만족도와 이탈 현상을 가중시키는 원인 중 하나는 문화시설의 부재와도 깊은 관계가 있었다. 도봉구는 공연장이나 체육시설 등이 있으나 상대적으로 노후화되었으며, 지역 내 영화관[6], 미술관 등이 부족한 지역으로 청소년들이 문화생활을 위해 타 지역으로 이동하는 현상이 발생하고 있었다. 또한 상대적으로 가장 많은 청소년수련시설[7]을 보유하고 있음에도 불구하고, 서울시 25개 자치구 중 재정자립도 23위의 열악한 재정여건으로 인해 적극적인 지원을 받지 못하고 있었다.

---

6. 도봉구는 2016년에 처음으로 영화관이 건립됨.

7. 시립청소년수련관 1개, 구립청소년문화의집 3개, 국립청소년수련원 1개, 사립청소년수련원 1개(2017년 기준 서울시 전체 청소년문화의집 16개 중 도봉구에만 3개가 있음)

도봉구, 혁신교육도시로
위기 탈출을 모색하다

도봉구는 앞에서 언급했던 여러 가지 어려운 여건을 극복하고 활력이 넘치는 도시로 다시 태어나기 위해 2014년부터 남다른 노력을 기울여왔다.

2014년 지방선거 당시 구청장 후보 공약서

2014년 지방선거에서 재선에 성공한 이동진 구청장은 핵심적인 공약과제로 '문화가 풍요롭고, 출발이 평등한 품격 있는 교육·문화도시'를 구정 목표 및 역점사업으로 발표했는데, 교육역점사업의 제1의 과제가 바로 **서울형혁신교육지구** 추진이었다.

당시 조희연 서울시교육감의 교육정책과도 궤를 같이하여 혁신교육을 도봉에서 널리 확대하고자 했던 것이다. 2010년 지방선거에서도 혁신학교 지원을 공약으로 내세워 재임기간 중 예비혁신학교 2개교 지정 및 지원, 서울형혁신학교 4개교 지원, 일반학교 교육지원 등 학교를 체계적으로 지원하고 교육·문화적 기반을 튼튼히 하는 일에 집중했던 경험을 바탕으로 도봉구를 명실상부한 교육도시로 변화시키려는 노력이 시작되었다.

혁신교육지구의 기반이 된 교육 관련 인프라

대한민국은 전국에 걸쳐 226개의 기초지방자치단체가 있다. 그리고 이 226개의 기초지방자치단체에는 모두 교육과 관련한 부서와 공공기관 및 단체가 있는데, 이것이야말로 혁신교육지구를 만드는 큰 기반이라고 할 수 있다.

도봉구도 마찬가지로 도봉구청 안에 35개의 부서와 14개의 동주민센터가 있다. 학교교육과 관련이 가장 많은 교육지원과를 우선하여 행정지원과, 자치행정과, 문화체육과, 마을공동체과, 복지정책과, 여성가족과, 환경정책과, 공원녹지과, 보건정책과, 보건위생과, 지역보건과, 보건지소 등이 학교와 관련해 직·간접적으로 업무 연관성을 가지고 있다. 35개의 각 부서는 고유한 업무를 수행하면서 교육과 관련한 영역에서 서로 협력하고 있는데, 만약 이러한 협력이 앞으로 더욱더 활성화된다면 학교와 마을 전체에 더 큰 기여를 할 수 있을 것이다.

또한 도봉구의 14개 동주민센터(도봉1~2동, 방학1~3동, 쌍문1~4동, 창1~5동)는 인근의 학교와 함께 각 지역의 중심으로 마을공동체 만들기의 거점 역할과 공간적으로는 도봉마을학교의 역할을 할 수 있는 지리적·행정적 역할을 하고 있다. 또한 14개 동주민센터별로 주민자치위원회가 있어 주민 스스로 마을의 행사와 발전 계획 등을 만들고 있다.

특히 서울에서는 이 주민자치위원회를 주민자치회로 한 단계 격상시킴으로써 주민에 의한 직접민주주의를 한층 더 폭넓게 실천해 나가고 있다. 거기에 385명의 통장님과 2,932명에 이르는 반장님은 마을 곳곳의 현황과 문제를 생활 속에서 속속들이 경험하고 계신 분들인 만큼 마을과의 지속적인 협력을 위해서 아주 중요한 분들이다.

위에서 말한 바와 같이 전국 226개 기초지방자치단체는 그 안의 시청·군청·구청 외에도 수많은 민·관 기관이 존재한다. 도봉구 또한 많은 기관이 있는데, 특히 도봉구의회와 서울북부지방법원 및 서울북부지방검찰청은 민주주의 체험의 소중한 배움터다.

또한 21개의 직능단체(자치행정과, 의약과 주관), 30개의 구립 경로 당(노인장애인과 주관), 체육동호인 조직(344개, 15,805명), 260개의 체육시설, 18개의 지역 아동센터, 위탁형 대안학교, 7개의 청소년 수련시설, 진로교육센터, 11개의 대·소도서관, 11개의 문화예술 기관, 13개의 사회적 기업, 23개의 보건복지센터, 12개의 마을커 뮤니티 공간 및 도봉구의 모든 민·관 사업장 등은 모두 도봉구민 과 함께 교육의 장을 펼칠 수 있는 좋은 기관과 자원들이다. 무엇 보다도 도봉 교육의 핵심기관인 북부교육지원청(도봉과 노원구 관 할)과 48개 학교(초중고 46개교, 대학 1개교, 특수학교 1개교)는 교육 의 핵심기관인 동시에 학생과 학부모, 교직원이 함께 생활하는 공 간이다.

종합하면 도봉구 내에 위치한 모든 민·관·학(民·官·學) 영역은 서로 소통할 수 있다면 거대한 **마을교육공동체**의 기반이 될 것이 다. 즉 만약 이 공동체가 서로 소통하고 공감하며 협력을 이룬다 면 그 자체로 얼마든지 "품격 있는 교육·문화도시"를 실현시킬 수 있다는 뜻이다. 이렇듯 도봉구의 교육 관련 공공기관과 단체야말로 혁신교육지구의 큰 기반을 이룬다. 전국의 226개 지자체도 모두 도봉구와 비슷한 인프라를 가지고 있기에 내부를 자세히 들여다보고 가능성을 적극 발굴해낼 필요가 있겠다.

도봉구가 서울형혁신교육지구로 지정되기까지

도봉구는 서울형혁신교육지구 지정을 위해 남다른 노력을 기울여왔다고 자부한다. 우선 2014년 6월 지방선거에서도 서울형혁신교육지구 운영을 이동진 구청장의 핵심공약으로 도봉구민들에게 공식적으로 약속했고, 당선 이후 곧바로 공약을 이행하기 위해 혁신교육지구추진 민-관-학 태스크포스를 구성해 실무준비에 돌입했다. 이 태스크포스는 도봉교육시민모임, 교사, 청소년기관, 학부모, 구청공무원 등 총 12명으로 구성되었는데, 2014년 7월 30일부터 2014년 12월 12일까지 운영했다.

민-관-학의 적극적인 협치와 현장의 요구를 녹여낸 추진

도봉구는 이미 준비 단계부터 서울형혁신교육지구에서 강조하는 민-관-학 거버넌스(협치)를 함께해 서로에 대한 깊은 신뢰를 바탕으로 추진속도를 가속화할 수 있었다. 또한 혁신교육지구 추진에 대한 공감대를 더욱더 넓히기 위해 3차에 걸친 워크숍, 두 차례의 학부모 설명회, 두 차례의 공식 추진단 구성 및 운영위원회를 갖게 되었다.

도봉혁신교육지구가 민·학관 추진단 결성식(2014.12)

그리고 도봉구만의 차별화된 전략이라고 할 수 있는 것이 바로 현직교사인 내가 교육정책특별보좌관으로 일하게 된 것이다. 나의 임무는 도봉구의 혁신교육지구 지정, 학교와 교육청과 지역사회와의 유기적 협력 등 교사로서 일했던 경험을 도봉구의 교육 발전에 잘 녹여내는 것이었다. 이를 증명하듯이 도봉구 전체 초·중·고등학교 47명의 교장선생님들이 혁신교육지구추진 동의서를 보내주셨고, 도봉구청장과 서울북부교육지원청 교육장의 '혁신교육지구 추진을 위한 공동서한문'을 도봉구의 모든 초·중·고등학교에서 학부모들에게 다음과 같이 발송할 수 있었다.

2015년 도봉구 혁신교육지구 지정 추진을 위한 공동서한문

존경하는 선생님과 학부모님께

안녕하십니까?
평소 일선 교육현장에서 학생들을 가르치시느라 무한한 열정을 쏟으시는 선생님들과 소중한 자녀의 미래를 위해 희생을 감내하시는 학부모님들께 아낌없는 존경과 감사의 인사를 드립니다.

(중략)

도봉구가 서울형혁신교육지구로 선정되기 위해서는 선생님들과 학부모님들의 전폭적인 지지와 성원이 반드시 필요합니다. 혁신교육지구 유치를 위한 학교구성원의 자발적인 활동과 요구, 그리고 학교교육 발전방향에 대해 건설적이고 의미 있는 제안을 요청합니다.
도봉지역 혁신공동체 구축으로 모두가 행복한 교육을 실현할 수 있도록 교육여건 개선이나 학교지원 사업에 관한 선생님들과 학부모님들의 소중한 의견을 기다리겠습니다.
존경하는 선생님들과 학부모님들의 건강과 행복을 기원하면서 2015년에는 모두 좋은 일만 가득하시기를 바랍니다.
안녕히 계십시오.

※ 도봉교육발전을 위한 제안 접수: dongguk70@dobong.go.kr

2014년 12월 3일
북부교육지원청교육장 민경란   도봉구청장 이동진

이러한 노력의 결과로 도봉구의 교사, 학부모, 지역시민사회가 중심이 된 혁신교육지구 민-관-학 추진단이 결성된 것이다. 그리고 2016년 1월 26일, 드디어 도봉구는 서울형혁신교육지구로 최종 선정되었다.

도봉구가 서울형혁신교육지구로 선정된 이유

도봉구가 서울형혁신교육지구로 선정되었던 이유는 무엇일까? 내 나름대로 생각해본 이유는 다음과 같다.

첫째, 자치단체장의 강력한 의지와 혁신교육에 대한 철학이 일치했다는 것이다. 도봉구의 열악한 환경, 학부모와 주민들의 공교육 혁신에 대한 요구, 혁신교육도시로의 열망 등이 담겨 서울의 25개 지자체를 넘어 전국에서도 손에 꼽힐 정도로 이동진 구청장의 의지는 정말 대단했다. 이는 전국에서 처음으로 현직교사를 교육정책특보로 임용한 것과 함께 2015년 1월 혁신교육지구 공모 심사장에서 구청장이 직접 브리핑을 한 것으로도 표출되었다.

둘째, 혁신교육과 뜻을 같이 하는 교육시민사회 단체들과 함께 추진 주체를 만들고 현재까지 함께 하고 있다는 것이다. 도봉구는 1989년 전교조 창립 이후 전교조 교사들의 활동이 왕성했던 지역으로 이후 참교육위한전국학부모회, 서울북부교육희망네트워크, 도봉시민회, 도봉사람들, 도봉교육시민모임 등 교육시민사회의 계속적인 활동들이 이어져왔다.

셋째, 도봉구는 **마을공동체**와 **평생학습동아리**가 활성화된 지역으로 마을 곳곳에 지역을 위해 다양한 활동을 하는 주민들과 모임들이 존재한다. 주민들의 자발적인 참여를 통해 마을공동체를 만들기 위한 활동과 평생학습으로 배우고 익힌 것을 동아리로 발전시키고, 다시 그것을 사회에 환원하고자 하는 자발적인 노력들이 있었기 때문에 좋은 결과로 이어진 게 아닐까?

이렇게 삼박자가 척척 맞아떨어지게 운영되다 보니 서울형혁신교육지구 중에 도봉을 빼고 생각할 수는 없었을 것이다. 그리고 서울시교육청과 서울시 입장에서도 거대한 프로젝트인 혁신교육지구 사업이 안정적으로 운영될 수 있는 지자체를 찾아야 했기에 아마도 도봉구가 적임자라고 생각했을 것이다.

날로 진화하는
도봉혁신교육지구

도봉혁신교육지구는 2014년 하반기부터 혁신교육지구 준비기간을 거쳐 2018년 현재까지 4년의 기간 동안 지역단위에서 교육을 주제로 다양한 논의와 사업수행 경험과 사업추진 시스템이 구축되어 있다. 거기에 서울의 전체 단위[8] 혹은 광역단위[9]로 민-관-학 주체별 협의체가 있어 지역에서 머무르지 않고 타 지역과의 협력을 꾸준히 모색하고 있다.

협력적 교육정책 추진체계 강화

한국사회는 과거 압축성장과 고도성장의 시기를 지나왔다. 그리

8. 서울형혁신교육지구 운영위원회, 실무추진협의회, 민간협의회 등
9. 2016.9.22. 동북4구(강북구, 노원구, 도봉구, 성북구) 행정협의회 창립

고 이 시기에 일방적이고 획일화된 교육제도는 압축성장을 뒷받침하는 상호 의존적 관계를 형성해 나름의 효과를 본 게 사실이다. 하지만 현대사회에 이르러 일방적으로 획일화된 교육제도는 오히려 역효과를 일으키며 온갖 병리적인 교육 문제들을 양산하고 있다. 예컨대 획일적 학교교육과정, 입시중심 교육정책, 매우 열악하기 그지없는 학교시설, 학교폭력, 낮은 행복지수, 교원승진제도, 청소년 여가시설 부족 등이 대표적이라 할 수 있다.

그때 2010년 이후 진보교육감의 등장, 교육자치와 일반자치의 협력으로 무상급식 실시, 혁신학교와 혁신교육지구 등의 혁신교육정책들이 생겨나게 되었다. 앞으로는 교육주체들의 자발성에 기초하여 공공과 민간이 함께 사업을 계획하고 실행하는 협력적인 교육정책 추진체계가 절대적으로 필요하다. 문재인정부에서도 혁신학교와 혁신교육지구 정책을 국정과제로 추진하고 있는데, 여기에 더해 국가의 활력과 경쟁력을 높이기 위해서라도 꼭 필요한 정책이라고 말하고 싶다.

학교는 수업, 마을은 방과후에 집중하는 역할분담

서울형혁신교육지구의 사업은 반드시 해야 하는 필수 과제와 지역의 여건에 따라 자율적으로 추진하는 지역특화 사업으로 나뉜

다. 2015~2016년의 필수 과제는 '학급당 학생 수 감축사업', '일반
고 진로직업 지원사업', '학교·마을 방과후 연계사업', '민-관 거버
넌스 구축'이었다.

도봉구는 2015년부터 필수 과제 중 '학교·마을 방과후 연계사
업'과 '민-관 거버넌스 구축'에 특히 중점을 두고 추진해왔다. 혁신
교육지구 사업을 추진할 때는 신중에 신중을 기하여 어떠한 사업
이라도 1회성으로 사업이 끝나지 않도록 했다. 또한 혁신교육지
구 사업으로 **학교는 정규 교육과정**을 운영하는 데 집중하고, **마을은
방과후 활동에 집중**하도록 하는 것이 최우선임을 강조했다. 이렇게
하여 혁신교육지구 사업으로 학교와 마을이 모두 각자의 역할에
최선을 다하도록 하면서도, 서로 간에 협력을 강화하자는 것이 사
업운영의 대원칙이라 할 수 있다.

도봉구에 사람을 남기자!

혁신교육지구 모든 사업의 운영에 있어서 프로그램 운영에만 매
몰되지 않고, 이 과정을 통해 "도봉구에 사람을 남기자"는 목적의
식을 분명히 가지게 했다. 말하자면 2년 혹은 4년 후 서울시와 서
울시교육청이 지원하는 혁신교육지구 사업이 종료된다고 해도,
도봉구 자체의 교육예산으로 사업이 지속적으로 이어질 수 있도

록 하고, 도봉구 마을 곳곳에 자생적인 마을학교와 교육모임들이 계속 이어질 수 있게 하는 것이다.

이것이 그저 단순한 바람에 그치지 않을 것임을 증명해주는 조짐으로, 도봉구에는 이미 마을교사들과 혁신활동가들이 주도적으로 동아리, 사회적협동조합, 비영리민간단체를 만들어서 자체적으로 활동을 넓혀가고 있는데, 이는 매우 고무적인 일이 아닐 수 없다.

CHAPTER 02

도봉혁신교육지구의 비전과 전개

"

도봉구는 2015~2016년에는 자연에서 배우고 마을에서 키우는 사람 중심 교육도시를, 2017~2018년에는 아동, 청소년의 건강과 성장과 배움을 지원하는 학교·마을교육공동체 구축을 비전으로 표방하고 있다. 도봉혁신교육지구의 핵심목표는 가고 싶은 학교, 살고 싶은 마을 도봉을 만들고, 아울러 도봉구에 혁신교육공동체를 구축하는 데 있다. 이를 위해 공교육혁신, 교육과 마을의 협력체계 구축, 지역사회 모든 자원의 적극적인 활용 및 자연과 생태적 삶에 부합하는 과제를 발굴 및 추진하고 있다. 2장에서는 지금도 끊임없이 진화하고 있는 도봉혁신교육지구의 전개 과정을 살펴보려 한다.

"

도봉혁신교육지구의 비전은 무엇인가?

"자연에서 배우고 마을에서 키우는 사람 중심 교육도시"[10]
↓
"아동·청소년의 건강한 성장과 배움을 지원하는 학교·마을교육공동체 구축"[11]

서울시교육청과 서울시청은 서울형혁신교육지구를 "모두에게 신뢰받는 공교육혁신을 이루기 위해 교육청, 서울시, 자치구, 지역주민이 참여하고, 지역사회와 학교가 협력하여 새로운 교육 모델을 실현하도록 서울시와 교육청이 지정하여 지원하는 자치구"로 정의하고 있다. 또한 "참여와 협력으로 아동·청소년이 행복하게 성장하는 학교-마을교육공동체"를 비전으로 설정하여 마을과 함

---

10. 2015~2016년 도봉혁신교육지구 비전
11. 2017~2018년 도봉혁신교육지구 비전

께하는 학교문화 조성, 배움과 돌봄의 마을교육공동체 형성, 유기적인 민-관-학 협력체제 구축을 목표로 하고 있다.

도봉구가 대표적인 혁신교육도시로 성장하기를 바라며

2015~2016년 도봉혁신교육지구의 비전은 '자연에서 배우고 마을에서 키우는 사람 중심 교육도시'였다. 도봉구의 아름다운 자연에서 학교와 마을이, 마을과 학교가 서로 협력하여 우리의 소중한 청소년들이 건강하게 성장하고 공동체를 위해 노력하도록 지원하여 사람 살기 좋고 따뜻한 기운이 넘치는 그런 도시를 만들어보자는 뜻이 담겨 있다. 또한 2015~2016년에는 도봉혁신교육지구의 목표로 "가고 싶은 학교! 살고 싶은 마을! 도봉혁신교육공동체 구축!"을 설정하여 열정적인 혁신교육지구 사업추진을 통해 도봉구가 전국을 대표하는 혁신교육도시로 성장해가기를 간절히 바라고 있다.

도봉혁신교육지구 세부사업은 비전 달성을 위한 징검다리

이심전심일까? 도봉구의 교육을 자기 일처럼 걱정하고, 도봉구의 청소년들이 건강하게 성장하기를 바라는 마음을 가진 사람들이 도봉구 곳곳에 속속 나타나고 있다. 도봉혁신교육지구 4년째를 맞은 2018년 현재 510명의 도봉마을교사와, 127개의 마을학교는 마을교육공동체 형성에 크나큰 기여를 하고 있다.

또한 학교와 마을이 서로 협력하여 학교는 정규 교육과정에 집중하도록 노력하고, 마을은 아동·청소년들의 방과후 활동과 안전한 돌봄 등에 집중하여, 우리의 청소년들이 학교와 마을에서 온전하게 성장하도록 지원을 아끼지 않고 있다. 이에 도봉혁신교육지구 세부사업은 바로 이러한 비전과 목표를 이루기 위한 징검다리 과정으로 단순한 일회성 프로그램 사업이 아님을 이 책을 통해 분명히 밝혀두고 싶다.

2015~2017
도봉혁신교육지구의 사업

앞서 서울형혁신교육지구의 사업은 필수 과제와 지역특화 사업으로 나뉜다고 언급한 바 있다. 이에 2015~2016년의 필수 과제는 '학급당 학생 수 감축사업'(중학교 4학교 6학급), '일반고 진로직업 지원사업', '학교·마을 방과후 연계 사업', '민-관 거버넌스 구축'이었다.

혁신교육지구 사업의 지속적 운영을 위한 노력

도봉구는 2015년부터 필수 과제 중 '학교·마을 방과후 연계 사업'과 '민-관 거버넌스 구축'에 특히 중점을 두고 추진해왔다. 도봉구는 혁신교육지구 사업을 추진할 때는 신중에 신중을 기하여 그 어떤 사업이건 1회성으로 끝나지 않도록 했다. 또한 혁신교육지구 사업으로 학교가 정규 교육과정을 운영하는 데 집중할 수 있도록 하고, 마을은 방과후 활동에 집중하도록 하는 것이 최우선임을 강조했다.

표 3-1 **서울형혁신교육지구 사업운영체계**

구 분	방과후 마을학교		마을 교사	혁신 교육 활동가	권역/동별 마을교육공동체 구축	청소년 자치활동 "개(開)판 5분전 프로젝트"
	주민 설계[1]	거점[2]				
2015년	25개소	8개소	210명	43명		55개 팀
2016년	71개소	8개소	344명	52명	법정동별 4개 권역 (도봉동,방학동,쌍문동,창동)	64개 팀
2017년	94개소	10개소	510명	40명	행정동별 7개동 (도봉1동, 도봉2동, 방학2동 방학3동 쌍문4동, 창1동 창3동)	88개 팀

주1) 주민 설계: 주민 3인 이상이 운영하는 학교 밖 방과후 마을학교
주2) 거점: 공공기관, 법인, 비영리단체에서 규모 있게 운영하는 학교 밖 방과후 마을학교

이렇게 하여 혁신교육지구 사업으로 학교와 마을이 모두 각자의 역할에 최선을 다하도록 하면서도, 서로 간에 협력을 강화해 나가는 것이 사업운영의 대원칙이라 할 수 있다. 그렇게 함으로써 혹시 서울시와 서울시교육청이 지원하는 혁신교육지구 사업이 종료된다고 해도, 도봉구의 자체 교육예산으로 지속적으로 사업이 이어지고, 도봉구 마을 곳곳에 자생적인 마을학교와 교육모임들

이 계속 이어질 수 있게 한 것이다. 2015년부터 2017년까지 매년 진행했던 도봉혁신활동가 양성과정[12]으로 약 130여명의 활동가가 배출되었고, 주민 3인 이상이 설계하여 만든 '주민설계 마을학교'와 '거점 마을학교'를 합하면 104개에 이른다. 또한 510명의 도봉마을교사는 학교 안에서는 '문예체·창체 협력교사', '도봉마을 방과후 활동 강사'로, 학교 밖에서는 도봉마을학교의 교사 등으로 왕성하게 활동하고 있다. 또한 도봉구 곳곳에 열정을 가진 마을교사들과 혁신교육 활동가들이 자체적으로 동아리와 협동조합 또는 비영리 민간단체를 만들어 활발하게 활동하고 있다.

도봉혁신교육지구의 중점사업

도봉 혁신교육지구 각각의 사업은 2015년에 시작해서 2018년 현재까지 계속되는 사업이 주를 이루고 있으며, 여기에 더해 서울시와 서울시교육청이 필수 과제에서 제외했으나 도봉구에서 독자적으로 벌이는 사업도 있다. 그리고 매년 사업운영에 대한 평가를 다음 연도에 반영하여 변화를 주고 있다. 다음은 도봉혁신교육지구의 중점사업 위주로 소개한 것이다.

---

12. 도봉혁신활동가 양성과정 수료자: 2015년 43명, 2016년 52명, 2017년 40명

① 도봉마을교사(문예체·창체 협력교사) 지원사업

문예체·창체 협력교사 지원사업은 도봉혁신교육지구의 대표적인 사업이라고 할 수 있다. 이 지원사업은 2015년부터 현재까지 계속 이어지고 있으며, 각 학교의 호응도 매우 좋다.

이 지원사업의 개요는 도봉구의 모든 초등학교와 중학교에 문화, 예술, 체육 등의 전문분야 강사를 파견하여 정규 수업시간에 학교선생님들과 협력수업을 진행하는 것이다. 2014년 도봉 교육우선지구사업에서도 가장 좋은 평가를 받은 경험이 있고, 역량 있는 전문 강사들이 정규 수업을 좀 더 활기차고 생동감 넘치는 수업으로 만들어주고 있다.

도봉구는 이 문예체·창체 협력교사를 학교 안에서 활동하는 **도봉마을교사**로 정했는데, 2015년부터 2018년 현재까지 210여 명이

제1차 도봉마을교사 모집 안내문 (2015. 4.)

활동하고 있다. 2015년 처음 이분들을 선발할 때 도봉구 곳곳에 "역량있는 도봉마을교사를 모집합니다"라고 현수막을 붙이고 공개모집을 실시하기도 했다.

2015년 4월, 7월, 12월 세 차례에 걸쳐 모집한 도봉마을교사는 도봉구 관내 초·중학교를 대상으로 실시한 사전 수요조사 결과를 토대로 모집했으며, 연극, 미술, 무용, 악기 연주, 스포츠, 미디어 등 분야의 최종 211명이 합격했다. 특히 현직 변호사, 무형문화재의 제자 등 화려한 이력의 소유자들이 마을교사에 다수 포함되어 있어 협력교사로서의 활동에 더 많은 관심이 쏠리기도 했다.

현직 변호사 출신으로 초등학교 협력교사의 첫발을 내딛게 된 한 마을교사는 "변호사 생활을 통해 얻은 경험을 학생들과 함께 공유하며 도움을 주고, 내 삶의 보람도 함께 찾고 싶다"는 소감을 밝혔는데, 실제 학교에서도 "정규 수업시간에 마을교사와 함께 수업을 하게 되니 학생들의 호응도 매우 좋아 활력 넘치는 즐거운 수업을 진행할 수 있어서 좋았다"는 반응이 거의 모든 초·중학교에서 나왔다. 도봉마을교사의 문예체·창체 협력교사는 도봉구 모든 초·중학생이 혜택을 보게 되어 혁신교육지구 사업으로서의 의미가 매우 큰 사업이라 할 수 있다.

도봉마을교사는 2015년 3차례에 걸쳐 선정한 문예체·창체 협력교사 210명과 2016~2017년에 도봉마을학교(주민설계, 거점, 특화사업)에서 활동하시는 분들을 마을교사 인증절차를 통해서 300

명이 추가되어 총 510명에 이른다. 그리고 이들 도봉마을교사의 질을 높이고 소통을 강화하기 위해 2016~2017년에는 마을교사 워크숍을 진행했고, 2018년은 도봉마을교사만을 위한 역량강화 연수를 계획하고 있다.

② 도봉마을학교 사업

도봉마을학교는 '주민설계 마을학교'와 '거점 마을학교'의 2가지로 나뉜다.

주민설계 마을학교란 도봉구 주민 3인 이상이 제안하는 특색 있고 창의적인 방과후 마을학교로, 공개모집 과정을 거쳐 지정되는데, 최대 300만 원을 지원하고 있다. 주중이나 주말 방과후 시간에 운영되고 있으며, 2018년 현재 약 100여 개의 주민설계 마을학

도봉혁신교육지구 주민설계 마을학교

교가 도봉구 마을 곳곳에서 운영 중이다.

거점 마을학교는 청소년기관, 비영리민간단체, 비영리법인, 사회적 협동조합 등의 기관과 단체에서 운영하고 있는 방과후 마을학교로 기관과 단체의 특성을 살려 운영하고 있다. 최대 1,000만 원을 지원하고 있는데, 연간 10개 내외의 기관과 단체가 참여하고 있다.

표 3-2 **2018년 지정 거점 마을학교**

연번	기관명	사업명
1	교육공동체 제프	마을학교 아수라
2	쿤스트하우스	(도봉청소년) DK-POP 엔터테인먼트
3	그린트리 예술창작센터	그린트리 마을학교
4	식생활교육도봉네트	도봉바른밥상식생활배움터
5	한국사회교육원도봉지부 (한국문화센터)	또래수공예 거점마을학교
6	쌍문동청소년랜드	마을청소년 에코통섭예술 프로그램 "예술로 해바라기"
7	극단 그린아이	도봉청소년 연극학교
8	창동청소년문화의집	4이다! (4차 산업혁명 이젠 다즐에서!) 프로젝트
9	사단법인 꿈의 아이들	맘드림(엄마의 마음과 꿈을 주는)
10	둘리뮤지엄	둘리뮤지엄 속 숨은 직업 찾기
11	한국수공예예술인협회	함께여는 문

도봉혁신교육지구 거점 마을학교

③ 개(開)판 5분전 프로젝트

도봉혁신교육지구 청소년 자치활동의 대표적인 사업으로 2016년
부터 시작해서 계속 운영 중에 있다. 이 사업은 도봉구 5인 이상
의 청소년이라면 누구나 판을 열어 전개할 수 있는 프로젝트 활동
을 말한다.

이 사업은 도봉구의 청소년들이 평소에 하고 싶은 활동을 마음
껏 해보도록 장려하기 위한 것이다. 5명 이상의 청소년들이 주중
이나 주말을 이용해 직접 기획과 실행 및 평가 등 모든 과정에 참
여하여 다양한 프로젝트 활동을 경험해봄으로써 이것이 진로 및
자기계발 활동으로 이어지도록 했다.

도봉구에 살거나 도봉구 소재 학교에 다니는 청소년들은 누구
나 참여할 수 있도록 했고, 문화예술, 참여, 기획, 봉사, 스포츠,

진로 등의 분야로 1차 서류심사와 2차 공개 오디션을 걸쳐 최종 선발했다. 80만 원에서 최대 200만 원까지의 지원금으로 다양한 프로젝트 활동을 벌이고 있다. 2016년에는 64개의 프로젝트 동아리가 참여했고, 2017년에는 88개의 프로젝트 동아리에 약 1,500명의 청소년이 참여했다.

개(開)판 5분전 프로젝트의 대표적인 활동으로는 '청소년이 주도하고 지역사회가 함께한 도봉 평화의 소녀상 건립 프로젝트'를 소개할 수 있다. 2016년부터 활동한 이 프로젝트의 청소년들은 2년간의 활동으로 1,194명의 소녀상 제작 추진위원[13]을 모집하고, 4,600만 원을 모금해 마침내 2017년 8월 15일 '도봉구 평화의 소녀상'을 도봉구민회관 앞에 세웠다. 어른들도 쉽게 할 수 없었던 이 위대한 일을 도봉구 청소년들이 앞장서서 추진해낸 것이다.

④ 학부모 네트워크 지원사업

도봉혁신교육지구는 2015년부터 '교육주체별 역량강화' 지원사업을 역점적으로 추진해왔다. 그중 가장 활발한 활동을 보인 주체가 바로 학부모이다.

때마침 2015년에 서울시교육청은 '서울시교육청 학교 학부모회 구성 운영 등에 관한 조례'를 발의하여 서울시의회의 의결을 거쳤

---

13. 도봉구 청소년이 제안하여 2017년 3월 1일 도봉구 시민사회단체와 구민들이 함께 참여하는 추진위원회가 창립됨.

도봉혁신교육지구 학부모 대토론회

다. 2016년 1월 1일부터 이 조례에 근거해 서울의 모든 학교 학부
모회가 조례에 근거한 법적 지위를 얻고 본격적인 활동을 할 수
있게 되었다. 도봉구도 혁신교육지구 사업으로 학부모회가 교육
의 당당한 주체로서 학교교육에 참여할 수 있도록 지원을 강화하
고 있다.

2015년에는 '삶의 교사'로서의 부모·교육공동체 형성사업으로
권역별 부모교육 및 커뮤니티 만들기, 일명 '학부모가 만드는 와
글와글 놀이터[14]'를 운영하였다.

2016년은 도봉구 학부모회 월별 네트워크 모임이 시작된 해이
다. 도봉구 각 학교별 학부모회 임원들이 월별로 모여 학부모회

---

14. 도봉구 관내 초등학교 운동장과 마을놀이터(공원)에서 아이들이 신나게 놀이활동을 하도록
학부모들이 운영하는 놀이터이다.

도봉혁신교육지구 학부모회 네트워크

의 활동 상황과 특색사업을 공유하고 발전방향을 논의하고 있다.
또한 이것을 발전시켜 지역 차원의 학부모회 활동으로 확장되도
록 노력해왔다. 특히 2016년 10월 20일에는 '2016 도봉구 학부모
대토론회'를 성공적으로 개최했는데, 도봉구 학부모회 네트워크
의 가능성과 잠재력을 확인할 수 있는 중요한 자리가 되었다.

이러한 바탕위에서 도봉구 학부모 네트워크 참여학교는 2017
년에 대폭 확대되었다. 도봉구 초·중·고등학교 전체 46개교 중에
서 2016년은 21개(45.7%) 학교에서 2017년은 36개(78.3%) 학교로
확대된 것이다. 앞으로 도봉구의 학부모 네트워크는 더욱더 활성
화될 것으로 보인다.

학부모회 활동과 관련하여 현재 전국적으로 서울과 경기도 등
6개 시도에서 학부모회 운영조례가 제정되어 법적 근거가 있는

자치활동을 하고 있다. 그러나 이제 갓 2년이 지난 학부모회가 조
례에 근거한 자치조직으로서 자리를 잡으려면 좀 더 시간이 필요할
것으로 보인다. 앞으로 학부모의 역할에 대한 수많은 토론과 논의
및 학교운영의 주체로서 어떤 철학과 입장을 가져야 할지 또한 열
띤 논의가 이어졌으면 한다. 도봉혁신교육지구는 바로 이러한 점에
집중하여 각 학교의 학부모회를 최대한 지원하고 있다.

⑤ 도봉혁신교육지원센터

도봉혁신교육지구는 서울형혁신교육지구 중에서는 처음으로
2015년 4월 1일, 도봉구청 내에 **도봉혁신교육지원센터**를 만들었다.
도봉혁신교육지원센터는 센터장과 공무원 4명, 컨설턴트 2명이
함께 일하고 있는데, 센터의 공간이 도봉구청 교육지원과 바로 옆
에 붙어 있기 때문에 항상 유기적으로 업무를 협의하면서 공동으
로 운영하고 있다.

센터장은 교육정책특별보좌관인 내가 겸임하고 있고, 민간에서
오신 컨설턴트는 마을과 구청의 연결자 역할을 담당해 마을학교
를 관리하고, 또한 도봉혁신교육지구 사업 전반에 걸쳐 컨설팅과
운영에 대한 지원의 역할을 하고 있다. 도봉구가 2015년부터 혁
신교육지구 사업을 안정적으로 운영해올 수 있었던 중요한 이유
중 하나가 바로 도봉혁신교육지원센터가 있었기 때문이라고 말
하고 싶다.

도봉혁신교육지구 거버넌스와 추진체계

혁신교육지구가 반짝 시작했다가 갑자기 사라지지 않고 지속 가능하게 유지될 수 있는 힘이 무엇이냐고 묻는다면, 나는 바로 **거버넌스**, 즉 **협치**를 말하고 싶다. 이에 대한 반증으로 현재 서울의 22개 혁신교육지구는 대부분 거버넌스를 바탕으로 민-관-학(民·官·學)이 공동으로 사업을 기획하고 추진하는 모습을 보이고 있다.

현재 한국에서 민-관-학이 협력사업을 한다고 할 때, 관을 대표하는 구청과 교육청은 행정력과 예산 및 사업추진의 전문성 등을 갖추고 있는 거대 조직이므로, 구청과 교육청에만 힘이 실리는 관(官) 중심 체제가 될 가능성이 높은 게 사실이다. 그렇기 때문에 관은 최대한 지원하는 쪽으로 가고 민간위원과 교사들이 주도하도록 해야 민-관-학의 균형도 맞고 평등한 관계로 자발성이 계속 커질 수 있다고 생각한다.

2011년부터 운영되고 있는 서울형혁신학교 또한 마찬가지이다. 혁신학교는 '민주적인 학교운영'을 제1의 혁신과제로 설정하여 교육의 3주체(학생, 학부모, 교직원)별 혹은 3주체 모두가 함께 참여하여 소통하는 거버넌스(협치)를 중심에 두고 있다.

도봉혁신교육지구는 2014년 7월, 혁신교육지구를 준비할 때부터 민-관-학 거버넌스[15] 방식으로 진행해왔다. 이어서 2014년 12월 15일에 '도봉구 혁신교육지구 민·관·학 추진단 결성식'이 있었고, 2015년 1월 26일에 서울형혁신교육지구로 지정을 받고 난 후에는 도봉구 혁신교육지구 추진단의 대부분이 도봉혁신교육지구 운영협의회와 실무협의회 위원으로 합류하게 되었다.

도봉혁신교육지구 운영협의회와 실무협의회는 교육지원청과 구청, 학교, 시민사회, 민간위원 등으로 구성된다. 이를 좀 더 공식적으로 뒷받침하기 위해 「도봉구 혁신교육 지원에 관한 조례」가 도봉구의회에서 제정되어 2016년 9월부터 시행 중에 있다.

또한 혁신교육지구 거버넌스가 앞으로 한층 더 활성화되기 위해서는 실무협의회 아래에 있는 분과협의회와 사업별기획단(추진단)의 역할이 매우 중요하다. 도봉혁신교육지구는 2017~2018년 혁신교육지구 사업방향에서 "민-관-학 거버넌스가 주축이 되어 분과협의회(추진단)가 사업을 기획-실행-평가하는 마을교육공동체 구축"으로 그 역할을 명확히 해두고 있다.

민-관-학 거버넌스는 서울형혁신교육지구의 필수 과제에서 단 한 번도 빠진 적이 없을 만큼 서울형혁신교육지구를 대표하는 특징이다. 이에 도봉혁신교육지구 또한 이러한 거버넌스를 무엇보다 강조하며 사업을 추진해 나가고 있다.

---

15. 2014년 7월부터 12월까지 시민사회단체, 청소년기관, 공무원, 교사 등 10여 명으로 구성된 도봉혁신교육지구 준비팀 회의를 매주 진행하고 있다.

도봉혁신교육지구 시민모임 밴드
https://band.us/band/53495316

거버넌스의 가장 큰 원칙이라고 할 수 있는 것은 바로 소통일 것이다. 도봉혁
신교육지구는 운영협의회, 실무협의회, 분과협의회와 더불어 도봉혁신교육
지구에 관심이 있는 모든 분들이 참여할 수있는 소통창구가 있다.
SNS '네이버밴드(band) 도봉혁신교육지구 시민모임'이 만들어진 것은 2015
년 2월이었다. 현재 1,766명의 회원이 가입되어 있고 날마다 각종 소식과 정
보를 올리고 공유하는데, 워낙 회원 수가 많다 보니 도봉구 사람들에게 홍보
를 하려고 하면 꼭 이 밴드에 글을 올리려고 한다. 도봉혁신교육지구가 실시
간 소통을 통해 도봉구민과 늘 호흡하고 있다는 증거가 아닐까 한다.

지자체가 직접 운영하는 방과후학교

"

도봉교육혁신지구의 가장 대표적인 성과는 기존에 학교에서 담당해왔지만, 여러 가지 문제점을 안고 있던 방과후학교를 지자체가 직접 운영하는 데 있다. 사실 방과후학교는 많은 일선 학교에서 정규 교육과정을 위협하는 커다란 고민거리였다. 수업 이후, 정규 교육과정과는 또 다른 배움을 아동과 청소년들에게 제공한다는 취지 자체는 바람직하지만, 이미 학교와 교사는 업무 과부화 상태이며, 이를 제대로 감당하기 어려웠던 게 사실이다. 지역사회가 아동과 청소년을 더 이상 외면할 순 없다는 판단하에 도봉구는 과감하게 방과후학교를 직접 운영하면서 나름의 성과를 거두고 있다. 이에 3장에서는 왜 지자체가 방과후 활동에 앞장서야 하는지 그 당위성과 함께 도봉구 방과후학교의 운영과 그 성과를 살펴보려 한다.

"

01

현행 방과후학교 정책,
이대로는 안 된다!

문재인정부는 "국민의 나라! 정의로운 대한민국!"을 국가비전으로 설정하고, '국민이 주인인 정부', '더불어 잘사는 경제', '내 삶을 책임지는 국가', '고르게 발전하는 지역', '평화와 번영의 한반도'를 5대 국정목표로 설정하고 있다.

교육의 공공성 강화는 시급한 과제

이러한 국정목표에 따른 20대 국정전략의 하나인 '국가가 책임지는 보육과 교육' 부분은 문재인정부 교육정책의 핵심이 무엇인지 잘 보여준다. 특히 '유아에서 대학까지 **교육의 공공성** 강화' 과제에서 온종일 돌봄교실을 초등학교 전 학년으로 점차 확대하고 내실화방안 마련을 병행 추진하는데, 교육부, 보건복지부, 여성가족부 등의 정부부처와 지방자치단체와 교육청 간 협력을 통해 학교 안팎으로 온종일 돌봄체계의 모델 개발 및 확산을 추진하려고 한다.

문재인정부가 출범하기 이전인 2016년부터 준비해왔고, 2017년 전국에서 최초로 지방자치단체가 학교의 방과후학교를 직접 운영하고 있는 도봉구의 입장에서 볼 때, 이러한 국정과제와 계획은 참으로 반가운 소식이 아닐 수 없다. 유아에서 대학까지 국가가 책임을 지고, 교육의 공공성을 강화하며, 공교육혁신 등을 통해 대한민국 교육을 전면적으로 혁신하려는 시도가 반드시 성공하기를 바란다.

현행 방과후 교육활동의 운영 실태와 한계

현재 학교에서 이루어지는 **방과후학교**는 매우 긴 역사와 변화[16]의 과정을 거치고 있다. 1995년에 당시 교육개혁위원회에서 '방과후 교육활동'을 처음으로 제안했고, 1996년부터 '방과후 교육활동'을 실시했으며, 1999년엔 '특기·적성교육'으로 변경했다가, 2004년 사교육비 경감대책의 일환으로 '방과후학교'로 시범 실시되었다. 그러다가 2007년 '방과후학교'로 통합해 전면시행(방과후학교 영어

---

16. 방과후 관련 용어도 '방과후 교육활동', '특기·적성교육','방과후학교' 순으로 변화되었다.

원어민 강사제도 도입)되는 등 변화를 거듭해 현재에 이르고 있다.

또한 **초등돌봄교실**은 여성의 사회진출 확대, 맞벌이 가정 증가에 따라 초등 자녀를 둔 부모들이 안심하고 양육할 수 있는 여건을 마련하기 위해 학교 내에 방과후 돌봄 기능을 강화하는 방안으로 추진되어온 교육부의 정책이다. 초등돌봄교실은 2004년 '방과후 보육'으로 28개 초등학교에서 시범 도입된 후, 2006년 '도시 초등보육 지원'으로 400개 초등학교로 확대되었고, 이후 계속해서 확대되어왔다. 그런데 이러한 정책이 13년 넘게 시행되고 있음에도 불구하고, 방과후학교와 초등돌봄교실 운영의 근거가 되는 법은 아직까지 없다. 법 대신에 초·중등교육과정 총론(교육부 고시)에 의해서만 시행되고 있을 뿐이다.[17]

> 학교는 학생과 학부모의 요구를 바탕으로 방과후학교 또는 방학 중 프로그램을 개설할 수 있으며, 학생들의 자발적 참여를 원칙으로 한다.[18]

전국의 초·중·고 학교에서 이루어지는 방과후학교는 교육부와 시도교육청 방과후학교 운영 매뉴얼에 따라 시행하고 있는데, 운

---

17. 방과후학교 운영과 관련한 법을 만들려는 시도는 지난 10여 년간 계속되었지만, 번번이 실패한 이유에 대해 필자는 의무교육 단계인 초·중학교에서 교육활동으로 간주하는 방과후학교는 헌법에 의해 법리적으로 무상교육이 되어야 하기에 그 비용을 감당할 수 없어 법제정이 어려운 것으로 보고 있다.

18. 초·중등교육과정 총론(교육부 고시 제2013-7호, 교육부 고시 제2015-74호)

영절차와 업무 등이 매우 복잡하고, 별도의 정규 전담인력이 배치되지 않아 학교의 본래 업무인 정규 교육과정 운영에 많은 지장을 주고 있다. 특히 초등학생 학부모의 입장에서 볼 때 자녀들의 방과후 시간에 대한 대책은 학부모들에게 있어 큰 부담인 동시에 매우 절실한 문제이기도 하다. 이에 많은 학부모들이 자녀들을 방과후학교와 초등돌봄교실 신청으로 방과후 시간 동안의 자녀 돌봄 문제를 해결하려고 하고 있다.

하지만 학부모 부담에 따른 비용 가중, 돌봄교실 시설의 규모 및 환경의 열악함[19], 근본적 문제라고 할 수 있는 쉴 권리, 놀 권리에 관한 것으로 학생들이 정규 수업을 끝내고도 방과후에 또다시 학습을 해야만 하는 부담이 크기 때문에 「교육기본법」에도 명시된 전인적(全人的) 교육이 침해받고 있다고 생각한다. 따라서 문재인정부의 '온종일 초등돌봄' 국정과제를 효과적으로 추진하고, 공교육의 정상화와 지자체의 역할 확대에 따른 지자체와 교육청 간 협력 속에서, 지자체가 방과후학교와 방과후 돌봄을 운영할 수 있는 방안을 마련해 개선해야 한다. 이는 한국교육개발원의 수많은 방과후학교 관련 연구보고서에서도 방과후학교 관련 정책 개선안으로 지자체의 역할을 강조하고 있는 것과 일치한다.

---

19. 현재의 초등돌봄교실은 도시 지역의 경우 1~2학년 전체 학생 중 약 25% 정도만 들어갈 수 있다. 또한 초등돌봄교실의 크기도 25명 정원에 비해 매우 작아 학생들이 공간에 대한 스트레스가 매우 많다.

돌봄과 방과후 활동,
이제 지자체가 나서야 한다

일상이 행복한 청소년들의 방과후를 위해 이제 국가와 지자체가 나서야 할 때다. 대한민국의 초·중·고등학교에서 이루어지는 방과후학교는 학교교육활동의 일환으로 학교교육계획에 포함되고, 학교운영위원회의 심의를 받으며, 학교생활기록부에도 기록되는 등 공적인 영역이다.

방과후 활동, 이제 정책적인 해법이 필요하다

2004년부터 기존의 방과후 특기·적성교육 및 보충수업을 사교육경감대책의 일환으로 통합해 14년째 운영 중인 '방과후학교'는 현재에 이르러 애초의 목적이었던 사교육비 경감도 완전히 이루지 못했고, 학교의 정규 교육과정 운영만 더욱 어렵게 만들고 있다며 전국의 수많은 교사들의 원성이 자자하다.

또한 청소년들의 입장에서 보자면, 과연 청소년들이 방과후에 무엇을 원하는지, 어떤 생활을 하는 것이 좋은지 또한 청소년들의 건강한 방과후 활동이란 무엇인지 그들에게 직접 물어보고 이에 대한 답을 찾아 근본적인 해법을 내놓을 때가 왔다고 생각한다.

OECD 국가 중 청소년 행복지수가 가장 낮은 이유는 무엇일까? 물론 한두 개가 아니겠지만, 일단 하루하루의 생활이 행복하지 않기 때문일 것이다. 유럽의 대다수 국가의 학교에서는 정규 수업에서 교과학습과 병행해 진로설계활동이 동시에 이루어지고 있다. 반면에 우리나라의 청소년들은 정규 수업에 이어 방과후학교와 학원으로까지 이어지는 끝없는 학습과잉에 내몰고 있는 안타까운 실정이다.

대한민국 교육생태계의 근본적인 혁신을 위해

이제 대한민국의 교육이, 대한민국의 학교가, 대한민국의 교육생태계가 근본적으로 혁신되어야 한다. 학교는 가고 싶은 학교가 되어야 하는 것이 맞다. 또한 마을은 살고 싶은 마을이 되어야 하는 게 맞다. 즉 가고 싶은 학교와 살고 싶은 마을에서 우리 청소년들의 미래를 만들어가야 한다. 학교는 정규 교육과정에 집중하여 즐겁고 유익한 수업으로 넘쳐야 한다. 또한 지자체는 청소년들의 방과후 활동을 책임지는 **새로운 마을교육공동체**를 만들어야 한다.

도봉구는 2017년부터 전국에서 처음으로 학교에서 운영해온 방과후학교를 지자체가 직접 운영하고 있다. '단 한 명의 아이도 놓치지 않겠다'는 절박한 마음으로, '나만의 아이가 아닌 우리 모두의 아이들'을 위한 공공성으로 학교와 마을의 새로운 협력 모델을 만들기 위해 이제 국가와 지자체가 발 벗고 나서야 한다.

03 도봉혁신교육지구, 방과후를 품다

서울형혁신교육지구에 참여하는 자치구는 저마다 특징을 가지고 다양한 형태의 사업을 추진하고 있다. 그런데 혁신교육지구는 시범사업 성격이다 보니 여느 시범사업과 마찬가지로 무한정 연장 운영할 순 없다. 일정한 기간이 지나면 진화된 형태로 발전되어야만 하는 것이다. 즉 자치구가 자체사업 곧 자체예산을 가지고 스스로 교육사업을 추진하는 형태로 발전되어야 한다는 뜻이다.

학교가 마을이고, 마을이 학교가 되어야 한다

과거의 자치구 교육사업은 학교에 교육경비를 지원하는 사업과 무상급식 지원을 중심으로 이루어졌고, 이외에 다양한 교육행사나 특색사업 시행으로 주로 학교를 지원하는 성격이 강하다고 할 수 있다. 학교의 정규 수업시간 이후, 즉 방과후 시간은 아직까지 부분적인 지원에 멈춰 있었다.

학생들이 학교 문을 나서는 순간 지역주민이 되듯이 학생들의 방과후 활동을 위한 지원이 서구 유럽의 국가들처럼 체계적이고 일상적인 지원으로 정착될 필요성이 점점 더 높아지고 있다. 청소년들이 다양한 여가생활을 할 공간과 인프라가 절대적으로 부족한 상태에서 여러 가지 사회 문제가 야기되고 있기 때문이다.

혁신교육지구 사업의 경험을 토대로 교육의 주체가 학교뿐만 아니라 마을, 즉 지역이 되어야 한다는 생각이 확장되고 있는 것처럼 마을이 학교가 되어야 하고, 그 마을은 **공공성**과 **보편성**을 갖춘 곳이 되어야 한다. 그렇다면 마을의 역할에서 일상적으로 이루어져야 할 것이 무엇인지 생각해보자.

지역 곳곳에 놀 곳, 쉴 곳, 즐길 곳, 배울 곳을 만들자

핵심은 청소년들의 방과후 활동을 어떻게 지역에서 마을에서 책임지는가에 달려 있다. 해답은 마을 곳곳에 놀 곳, 쉴 곳, 즐길 곳, 배울 곳이 생겨야 한다. 독일의 경우 청소년 여가시설이 16,000개나 있고, 청소년정책의 핵심이념이 '스스로 하게 하라'이듯이 우리의 청소년들도 행복한 방과후 시간이 당연한 권리로서 부여되어야 한다. 이를 위해 지자체, 즉 마을이 준비해야만 한다. 이것이 야말로 지자체가 혁신교육지구 같은 시범사업을 넘어서 지속 가능한 혁신교육도시로 진입하는 데 가장 집중해야 할 사명이다.

도봉구는 앞서 강조한 대로 자치구가 방과후를 책임진다는 각오로 2016년부터 학교의 방과후학교를 자치구가 운영하도록 준비해왔다. 2017년은 시범적으로 5개의 초·중학교의 희망을 받아 비교과[20] 영역의 방과후학교를 직접 운영했고, 2018년에는 8개 초등학교, 23개 중·고등학교로 확대 운영하고 있다.

이는 그동안 학교교육의 핵심인 정규 교육과정 운영에 집중하는 데 방해가 되었던 방과후를 지자체가 맡음으로써 학교와 지자체의 역할을 구분하고 방과후는 지역, 즉 마을이 맡는 모델을 만들어보고자 한 것이다. 또한 학교의 방과후만 맡는 것이 아니라 혁신교육지구 사업으로 만들어 놓은 주민설계형 마을학교, 거점마을학교, 청소년 프로젝트 동아리활동, 지역연계 특화사업, 도봉구의 14개 동주민센터, 청소년기관 5개 등 도봉구의 민과 관이 가지고 있는 인프라를 최대한 연계하여 학교 안팎으로 행복한 여가활동과 놀이활동 및 자발적 배움활동을 최대한 지원하려고 한다.

---

20. 비교과 영역이란 국어.영어.수학.과학 등의 주지교과가 아닌 특기적성 분야의 문화·예술·체육·기타 활동 등을 말한다.

도봉구는 왜 방과후학교를
책임지고자 하는가?

도봉구가 전국에서 최초로 방과후학교를 학교가 아닌 지자체에서 맡아서 직접 운영하려는 이유는 다음과 같다.

교육자치와 일반자치 협력 모델의 시너지

첫 번째 이유는 학교는 정규 교육과정 운영과 교과연구 및 학생 생활교육에 전념하고, 자치구와 지역사회는 방과후학교를 책임지는 새로운 유형의 교육자치와 일반자치의 협력 모델[21]이 한국에도 도입되어야 하기 때문이다. 지자체의 입장에서 볼 때 학교

---

21. 유럽의 독일, 프랑스, 영국, 이탈리아, 스페인, 핀란드, 스웨덴, 덴마크 등의 국가는 지자체가 학교 및 방과후학교를 운영하고 있다. 특히 스웨덴의 레저타임센터(Leisure-time center)는 대표적인 사례다.

의 학생·청소년들은 지역의 소중한 주민이다. 이 소중한 주민들이 즐겁게 공부하고 행복한 여가생활을 보내는 선순환 구조를 갖추게 된다면 활력 및 지속 가능성이 높은 지역사회들로 이루어진 나라로 발전할 것이다. 문재인정부의 국정과제인 '혁신교육지구 확대'와 '초등학생 온종일 돌봄 확대'에서 지자체가 핵심적 역할을 하도록 하는 것도 이를 뒷받침하고 있다.

공공성과 지역의 책무성 강화

지자체가 방과후학교를 운영함으로써 방과후학교 운영의 공공성과 지역의 책무성을 강화하고자 한다. 사교육업체 등이 위탁운영을 위한 과열경쟁 등으로 공공성이 지속적으로 약화되고 있는 방과후학교 및 돌봄의 문제점을 해결하고, 지자체가 앞장서서 지역의 문화·예술·체육시설을 활용하고 우수한 강사진을 발굴 및 연계하여 방과후 활동 종합지원체계를 구축할 필요가 절실하다.

청소년 인권 존중 및 건강한 성장 도모

지자체는 미래의 주축이 될 청소년들의 인권을 존중하고 건강한 성장을 위해 앞장서야 할 필요가 있다. 입시중심 경쟁교육과 보편적 교육복지의 미비 등으로 인해 우리 청소년들의 몸과 마음은 이미 심각한 위협을 받고 있는 실정이다. 그리고 이는 청소년 자살률 증가, 청소년 행복지수 및 학습의욕 저하 등으로 표출되고 있다.

이제 입시제도의 개혁과 더불어 청소년의 건강한 여가생활을 국가와 지자체가 앞장서서 지원해야 할 때가 온 것이다. 자유학기제 활동, 진로직업 교육, 문화예술 교육 등이 지역의 인적·물적 교육 인프라와 결합되어 일상생활처럼 이루어지고, 청소년들이 스스로 자기주도적인 활동을 매일매일 한다고 생각해본다면 정말 꿈에서나 그리던 교육의 희망찬 미래가 현실화되지 않을까 생각해본다.

05 도봉구의 방과후학교 직접 운영 및 개선 사항

도봉구는 2015년부터 서울형혁신교육지구를 적극적으로 운영해오고 있다. 특히 혁신교육지구를 통해 학교와 마을에서 다양한 교육적 시도를 함으로써 지속 가능한 학교-마을 연계시스템을 만들려면 기존에 학교가 맡아온 방과후학교와 돌봄교실을 직접 운영할 필요가 있다는 결론을 내렸다.

이를 위해 2016년부터 '도봉구 아동·청소년 방과후 활동 활성화 방안'의 연구를 진행했고, 이와 더불어 서울시교육청이 이 사업에 참여하도록 제안했으며, 도봉구 관내 학교의 신청을 받아 운영하게 되었다. 2017년만 해도 신청한 학교가 도봉초, 방학초, 신방학초, 월천초, 방학중학교의 5개교에 머물렀으나, 2018년에는 초등 8개 학교와 중·고등학교 23개교로 확대되었다.

방과후센터를 중심으로 한 프로그램 운영

도봉구의 방과후학교 직접 운영은 **도봉마을방과후활동운영센터**(이
하 방과후센터)와 도봉구 교육지원과가 협력해서 운영하고 있다.

2017년 2월 1일자로 개소한 방과후센터는 센터장(1명)과 주무
관(1명) 및 컨설턴트(5명)로 구성하여 운영 중이다. 학교에서 해오
던 방과후 업무를 전적으로 맡아서 운영한다고 보면 될 것이다.
담당하는 업무는 비교과 방과후[23] 전담 운영, 강좌 개설, 강사 관

---

22. 2017년 도봉구 마을 방과후 활동 운영 기본계획서(2017. 1 도봉구청 교육지원과)
23. 비교과란 국어, 영어, 수학, 과학 등 주지교과가 아닌 특기적성 분야의 문화·예술·체육·기
타 활동 등을 말함. 초등학교의 방과후는 90% 이상이 특기·적성의 비교과로 이루어짐.

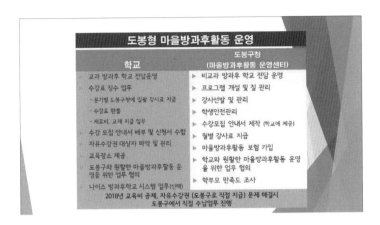

도봉형 마을방과후활동 운영

학교	도봉구청 (마을방과후활동 운영센터)
교과 방과후 학교 전담운영	▶ 비교과 방과후 학교 전담 운영
수강료 징수 업무	▶ 프로그램 개설 및 질 관리
- 분기별 도봉구청에 일괄 강사료 지급	▶ 강사선발 및 관리
- 수강료 환불	▶ 학생안전관리
- 재료비, 교재 지급 업무	▶ 수강모집 안내서 제작 (학교에 제공)
수강 모집 안내서 배부 및 신청서 수합	▶ 월별 강사료 지급
자유수강권 대상자 파악 및 관리	▶ 마을방과후활동 보험 가입
교육장소 제공	▶ 학교와 원활한 마을방과후활동 운영 을 위한 업무 협의
도봉구와 원활한 마을방과후활동 운 영을 위한 업무 협의	▶ 학부모 만족도 조사
나이스 방과후학교 시스템 업무(선택)	

2018년 교육비 공제, 자유수강권 (도봉구로 직접 지급) 문제 해결시
도봉구에서 직접 수납업무 진행

도봉형 마을방과후활동 운영에 따른 학교와 구청의 업무 구분

리, 학생 관리, 방과후 강좌 안내책자 제작, 월별 강사료 지급, 보험 가입, 학교와의 업무 협의, 학부모 만족도 조사 등이다.

아직까지 학교에 남아 있는 업무는 방과후 활동 장소의 제공과 수강료 징수 및 환불, 자유수강권 대상자의 파악 및 관리 등으로 한정된다.

학교의 부담을 덜어주기 위한 제도 개선 필요

아직까지 학교에 남아 있는 업무 중 방과후 수강료 징수 업무와 자유수강권 업무는 방과후학교를 운영하는 모든 학교에서 가장 힘들어하는 일이다. 업무량도 많다 보니 정규 교육과정 운영에 큰 지장을 주고 있을 정도다. 따라서 지방자치단체가 운영하는 방과후학교도 교육비 공제를 받을 수 있도록 「소득세법」 시행령 118조의 6(교육비 세액공제)의 개정과 현재의 방과후학교 자유수강권 지급 방법을 2018년 도입된 '아동수당(0세에서 5세까지 지급)' 처럼 개별 가정에 직접 지급하거나 학교가 아닌 지방자치단체에게 자유수강권 예산을 주게 된다면 모든 문제가 해결될 수 있다. 도봉구는 이러한 '교육비 세액공제'와 '자유수강권' 문제를 해결하기 위해 2017년 2회에 걸쳐 청와대를 방문하여 제도 개선을 요구한 바 있다.

표 3-3 **청와대 방문 제도 개선 요구 사항**

	현행 법령 및 지침	개선 요청 사항	도봉구 운영 방식
교육비 세액공제	「소득세법」 시행령 제118조 6(교육비 세액공제)에 따라 학교에서 운영하는 방과후학교만 교육비 공제가능	「소득세법」 시행령 제118조 6에 지자체 운영의 방과후도 교육비공제 대상이 되도록 포함 ※운영의 주체만 바뀌는 것임	「지방자치단체를 당사자로 하는 계약에 관한 법률」 시행령 제25조①제3호에 의거 학교와 수의계약(공공위탁방식)으로 진행
자유수강권	법정 저소득 학생에게 지원되는 자유수강권 예산이 교육청에서 학교로만 지급되어 지자체가 예산을 받을 수 없음	1안: 자유수강권을 대상 학생에게 직접 지급하는 업무 간소화 방안 2안: 교육청에서 지자체로 자유수강권 예산을 교부하는 방안	

방과후학교의 직접 운영 성과

이전까지 학교가 운영해온 방과후학교를 지자체가 직접 운영해 보니 매우 의미 있는 성과를 거두고 있다고 자부한다. 아울러 현장에도 눈에 띄게 긍정적인 변화가 일어나고 있다.

- **학교와 지자체, 학교와 마을 간 관계의 질적 발전:** 지자체가 학교의 업무를 맡아주니 학교는 지자체에 더욱더 협력하는 모습을 보이게 되었다. 또한 학교와 마을이 함께하는 교육과정을 운영함으로써 관계의 질적 성장을 이뤄가고 있다.

- **학교 간 방과후 교차수강 활성화:** 과거에는 소속 학교의 방과후 강좌만 선택해야 했다. 하지만 지자체에서 전체 학교의 방과후를 한꺼번에 소개하니 다른 학교의 좋은 강좌를 선택할 수 있게 되어 선택의 폭이 넓어졌다. 여기에 더해 학교 밖에 있는 수영장·축구장·테니스장·배드민턴장·공연장·미술관·박물관 등 지역의 체육·문화 시설에서 개설하는 강좌에 참여할 수 있도록 연결하게 된다면 방과후의 의미가 한층 더 넓어지고 청소년의 방과후 활동이 더욱 활성화될 것이다.

- **지역 내 공공의 일자리 창출과 마을교육공동체 구축:** 그동안은 방과후가 개인의 선택에 의한 사적 영역이었다면 지자체가 방과후를 맡음으로 인해 공공성을 갖게 되었다. 관련된 일자리(방과후 마을교사,

문화·예술·체육 코디네이터, 사회적 협동조합 등)가 생겨났고, 지역의 청소년을 함께 지원하고 돌보는 마을교육공동체 구축이 한층 가속화되고 있다.

도봉구, 한국형 레저타임센터를 꿈꾸다

도봉구가 방과후 사업을 넘어 궁극적으로 지향하는 것은 **한국형 레저타임센터**(Leisure-time center)를 만드는 것이다. 이 레저타임센터란 학교의 돌봄교실을 학교 안팎의 센터로 확장한 개념으로, 위에서 언급한 문재인정부의 '온종일 돌봄정책'과도 일치한다. 돌봄교실 공간의 크기는 물론 수도 더 늘려야 한다는 뜻이다. 도봉구는 학교와 마을의 협력과 혁신교육도시로의 도약을 위해 학교는 정규 교육과정 운영에 집중하고, 지자체는 방과후 활동을 책임지는 등 지자체와 학교의 일상적인 협력 모델을 창출하고자 열심히 노력하고 있다.

그 노력의 중심에 있는 것이 바로 사교육 영역으로 흡수되었던 청소년의 방과후 활동을 공공의 영역으로 이끌어낸 것이다. 즉 지자체가 청소년들의 다양한 여가생활·문화예술활동·동아리활동을 지원하는 등, 청소년들이 일상적으로 몸과 마음이 건강하도록 아낌없이 지원함으로써 한층 더 발전된 **마을교육공동체** 형성에 기여하는 새로운 역할을 수행하려 한 것이다.

이러한 목적을 실현하기 위해 스웨덴에서 중앙정부와 지방정부가 초등학교 안과 지역 곳곳에서 활발하게 운영하고 있는 레저타임센터(Leisure-time center)를 향후 도봉구의 학교와 마을 곳곳[24]에도 만들려고 한다. 청소년들이 방과후에 여가활동을 마음껏 그리고 편안히 누릴 수 있는 시설이 지역사회에 존재해야 학부모는 자녀들을 안심하고 맡길 수 있고, 청소년들은 원하는 활동을 자유롭게 할 수 있기 때문이다.

만약 이러한 한국형 레저타임센터가 만들어진다면 현재의 방과후학교와 초등돌봄교실의 질을 획기적으로 높여 운영할 수 있을 것이다. 한 마디로 최고의 여가시설에서 우리의 청소년들이 방과후 생활을 누리게 된다는 뜻이다. 또한 도봉구가 모든 학교에서 운영하는 방과후 프로그램을 직접 운영함으로써 지역사회의 다양한 인적·물적 인프라와 연계하여 민-관-학 거버넌스가 강화되고, 지역의 공공 일자리를 창출하는 등 지역 경제의 활성화에도 크게 기여할 것으로 전망한다.

---

24. 「청소년활동진흥법」 11조 1항 3호에 의하면 "시·도지사 및 시장·군수·구청장은 읍·면·동에 청소년문화의 집을 1개소 이상 설치·운영하여야 한다"로 의무화되어 있는데, 이를 지키는 전국의 지자체는 단 한 곳도 없다. 독일의 경우 전국에 16,000여 개의 청소년 여가시설이 있어 한국의 법적 기준보다도 6~7배나 많은 시설을 갖추고 있다.

CHAPTER 04

새로운 마을교육공동체를 향하여

" 대한민국의 교육은 어느 순간부터 더 이상 기회의 사다리가 되지 못하고 있다. 특히나 취약계층의 아동·청소년들에게는 기회조차 공정하게 주어지지 못하고 있는 게 안타까운 현실이다. 아무리 노력해도 바뀌지 않는 현실에 좌절하는 청소년은 이제 없어야 한다. 대한민국 국민이라면 누구나 교육의 기본적인 기회는 마땅히 제공받아야 하지 않을까? 이에 차별 없는 교육복지시스템의 구축과 초·중등교육 및 대학교육의 무상화는 앞으로 우리가 꼭 실현시켜야 할 중대한 과제이다. 그리고 이러한 실현을 조금이라도 앞당기기 위해 지역사회와 학교는 함께 힘을 모아야 한다. "

위기의 대한민국,
출구가 필요하다!

"개천에서 용 난다"라는 말을 들어보았을 것이다. 어려운 환경을 딛고 성공한 사람을 가리키는 말이다. 열심히 공부하면 자신이 처해 있는 불리한 환경을 극복할 수도 있다는 점에서 한때 교육은 가난하고 어려운 이들에게 기회의 사다리가 되어주었다.

신 세습시대, 꿈을 잃은 청소년

현재는 어떠한가? 대한민국의 현실은 '금수저'와 '흙수저'라는 신조어가 말해주듯, 부모의 경제적 지위에 의해 태어날 때부터 아이의 미래도 결정되는 신 세습의 시대다. 아이들의 의식주 등을 포함한 삶의 모든 영역이 가정환경에 절대적인 영향을 받다 보니 초등학교에 입학하기 전부터 이미 아이들의 진로가 대충 짐작이 될 정도다. 한 마디로 개천에서 용이 사라진 지 이미 오래다.

더욱 간과할 수 없는 문제는 취약계층 자녀들의 고통이다. 신체적·정서적 발달과 대인관계 및 자존감, 자기진로의지 등 모든 면에서 이미 위험한 수준이다. 스스로 감당해야 할 고통이 너무도 크다 보니 10억을 벌 수만 있다면 감옥에 갈 수 있다"고 응답한 청소년들이 나타나고[25], 도전정신은커녕 안정적인 직업을 갖는 게 꿈의 전부가 된 청소년들이 너무나도 많다.

'태어난 곳은 달라도 교육은 공평'해야 한다. 즉 국민의 기본적 출발을 국가가 보장해야 할 책임으로 인식해야 한다는 것이다. 촘촘한 교육복지시스템의 구축과 초·중등교육 및 대학교육의 무상화가 우리 앞에 시급한 과제로 다가오고 있다.

배움과 삶이 동떨어진 현실

학교에서 배운 것들이 자신의 삶에서 점점 멀어지는 것도 큰 문제이다. 즉 배움이 삶에 그대로 녹아들지 못하고 도덕적 훈계에 그

---

25. "감옥에서 10년을 살아도 10억 원을 번다면 부패를 저지를 수 있는가?"의 질문에 우리나라 청소년(학생)의 17.7%가 '그렇다'고 대답한 것으로 나타났다. 한국투명성기구가 지난달 전국 중·고교생 1,100명을 상대로 실시한 '반부패 인식' 설문조사 결과다. 한국투명성기구는 22일 이와 같은 내용의 조사 결과를 공개하고, 청소년(학생) 대상 반부패 교육이 시급하다고 지적했다(한국일보 2008.10.23.).

치거나 그저 교과서에나 존재하는 먼 이야기가 되어가고 있다.

청소년들의 진로와 인생설계를 지원하기 위해 국가적으로 운영되는 시스템이 존재하는 유럽의 국가[26]와 달리 우리나라는 초등학생 때부터 무한 입시경쟁에 뛰어들어 상위 5%에 들기 위해 전쟁 같은 학창시절을 보내게 강요하고, 경쟁에서 승리한 청소년들은 또 다른 경쟁에 내몰리는 게 현실이다. 경쟁에서 패배한 청년들은 취업, 결혼, 출산 등 과거에는 당연시되던 기본적인 삶조차 포기하는 현실에 내몰리고 있다. 세계 최고 수준인 자살률, OECD 최저 수준의 삶의 만족도와 행복지수 등이 청년 개개인의 삶에 현실화되어 악순환은 더욱 가속화되고 있다. 국가경쟁력 하락과 국가의 존립마저 위태로운 상황으로 가고 있는 것이다.

입시중심의 학벌사회

망국의 근원이라 일컬을 만큼 대한민국에서 대학입시와 대학서열화 문제는 교육을 더욱 왜곡시키는 주범이다. 이러한 문제들을 근본적으로 혁신하지 못하고 있기 때문에 국가의 위기가 더욱 가중되고 있는 것이다.

---

26. 덴마크의 인생설계학교(에프터스쿨), 아일랜드의 전환학년제, 독일의 청소년(학생)정책 등

이 또한 경쟁교육을 표방하는 신자유주의 교육정책과 학벌사회로 대두되는 전근대적 교육정책이 뒤섞인 결과이다. 문재인정부가 들어선 2017년 대학입시 개선을 위한 정책발표를 1년 늦춰올해 발표를 앞두고 있다. 결코 쉽지 않을 결정이 되겠지만 어렵더라도 근본적인 해결책을 내놓기를 희망한다.

2018년 3월 26일 문재인 대통령이 발의한 개헌안은 국민의 기본권과 평등권을 강조하고 있다.[27] 전국의 수많은 청소년들을 불행하게 만들고 무기력하게 만드는 대학입시를 헌법의 정신에 맞게 혁신적으로 바꿀 순 없을까? 향후 대학수학능력시험을 폐지하고 자격고사로 전환하여 일정 수준 이상의 학생들은 모두 대학입학 자격을 부여하며, 국·공립대학교를 통합 네트워크화하여 같은 대학으로 인정하고 공동으로 운영하며, 사립대학교는 공영형 대학으로 전환해야 하지 않을까? 나는 이런 세상을 거듭 상상하고 또 기원해본다.

가고 싶은 학교, 살고 싶은 마을

위에서 언급한 대한민국의 위기는 어느 일부 지역이 아니라 전국

---

27. 국회에서 국민투표법 개정이 불발되면서 2018년 6월 개헌이 무산된 점은 심히 안타까운 일이다.

의 모든 학교와 마을에서 겪고 있는 공통된 문제이다. 또한 학교와 마을이, 마을과 학교가 서로에게 위기의 요소를 더욱 가중시켜 악순환을 반복하고 있다고 생각한다.

가고 싶은 학교와 살고 싶은 마을이 각각 따로 존재할 수 있을까? 학교는 가고 싶은 곳인데, 그 마을은 살고 싶지 않은 곳이 있을까? 마찬가지로 마을에서는 살고 싶은데, 그 마을 안의 학교는 가고 싶지 않은 경우가 있을까?

이 질문은 나아가 배움과 삶, 삶과 배움에 관한 질문으로도 이어질 수 있다. 배움과 삶이 일치해야 배움과 삶 모두 풍부해지고 건강해지는 지속 가능한 사회가 아닐까 생각해본다. 가고 싶은 학교와 살고 싶은 마을이 있는 바로 그곳이야말로 배움과 삶이 일치하는 낙원일 것이다.

마을과 학교의 협력,
어떻게 이뤄갈 것인가?

가고 싶은 학교 그리고 살고 싶은 마을을 만들기 위해 마을과 학교는 각자 최선의 노력을 기울여야 한다. 그런데 한편으론 반드시 협력해야 한다. 그렇다면 서로 다른 특성을 가진 학교와 마을의 협력은 어떻게 이뤄가야 할까? 그 전에 잠시 통계자료와 법령을 살펴보자.

통계와 지리적 위치로 본 학교와 마을

현재 대한민국에 20,720개의 유치원, 초·중·고, 특수학교가 있다.[28] 유치원 8,987개, 초등학교 6,001개, 중학교 3,209개, 고등학

---

28. 2016년 교육통계서비스(한국교육개발원)

교 2,353개, 특수학교 170개이다. 행정구역으로 본 지방자치단체의 수는 광역지방자치단체가 17개 시·도에 있고, 기초지방자치단체는 226개의 시·군·구(75시, 82군, 69구)[29]로 이루어져 있다.

전국의 주민센터가 있는 읍·면·동 3,503개에 20,720개 유치원과 학교가 얼마나 있는지 평균을 구해보면, 주민센터 단위로 여섯 개의 학교가 있음을 알 수 있다. 서울의 경우는 25개구에 424개의 주민센터가 있고, 전체 2,182개교(유치원 879개, 초등학교 601개, 중학교 384개, 고등학교 318개)가 있으니 주민센터 단위로 약 5.15개의 학교가 있음을 알 수 있다.[30]

서울의 주민센터당 평균인구는 약 23,000여 명이다. 전국 그리고 서울에서 주민센터 단위로 5~6개의 학교가 있다는 것은 지리적으로 동네마다 혹은 마을마다 학교가 자리 잡고 있다는 것을 말해준다.

법령에서 제시한 학교와 마을의 연계

「교육기본법」 제2조(교육이념), 제5조(교육의 자주성 등), 제9조(학교교육)를 살펴보면 홍익인간(弘益人間), 민주시민, 민주국가, 지

---

29. 2016년 지방자치단체 행정구역 및 인구현황(행정안전부)
30. 2016년 서울교육통계(서울시교육청)

역실정에 맞는 교육, 교육 주체의 학교운영 참여, 전인적(全人的) 교육 등을 강조하고 있다.

또한 「초·중등교육법」 제23조(교육과정 등)와 제31조(학교운영 위원회의 설치)에서는 지역실정에 맞는 다양하고 창의적인 교육을 강조하고 있다. 이는 학교교육을 규정하는 법령에서도 민주국가 건설을 위한 민주시민 육성을 위해 학교가 지역(마을)과 연계하여 지역(마을)의 실정에 맞는 교육을 통해 전인교육(全人敎育)할 것을 규정하고 있다고 해석할 수 있을 것이다. 이에 따라 초·중·고 학년의 교육과정 등에서는 지역의 역사, 문화, 정치, 사회, 환경 등을 파악하고 문제점을 해결하는 내용이 다양한 교과 교육과정에서 제시되고 있다.

전면적 학교 혁신으로 '가고 싶은 학교' 만들기

과거로 거슬러 올라가 수학여행이나 소풍날 아침을 떠올려보자. 아마 눈을 뜨자마자 한시라도 빨리 학교에 가고 싶어 안달했던 모습이 떠오를 것이다. 그리고 기쁘고 들뜬 마음에 굳이 누가 시키지 않아도 알아서 척척 준비하고 서둘렀던 기억이 분명 남아 있을 것이다.

이와 마찬가지로 매일 아침에 눈뜨기 무섭게 어서 빨리 등교하고픈 마음이 솟구치는 그런 학교를 만들 수 있다면 이보다 좋은 게 또 있을까?

배움이 즐겁고, 활동이 즐겁고, 만남이 즐겁고, 의욕이 넘치는 학생들이 늘어나도록 학교의 과감한 혁신, 전면적인 혁신이 필요한 때다. 이를 위한 가장 중요한 핵심사항은 교사들이 수업과 생활교육에 전념하도록 하고, 이에 필요한 교사들의 학습공동체에 대한 전폭적인 지원이 우선되어야 한다. 교사들의 학습공동체 지원은 구성원마다 차이가 있을지라도 자연스럽게 교육과정의 혁신 및 수업의 혁신으로 이어질 것이며 이는 즐거운 수업, 역동적인 수업의 밑바탕이 된다고 확신한다.

또한 유쾌하면서도 진솔하고 배려 있는 탁월한 리더십으로 학교구성원들과의 소통을 한층 강화한다면 이는 분명 전면적 학교혁신의 기폭제가 될 것이다. 서울형혁신교육지구 사업으로 문예체·창체 협력교사 지원, 지역연계체험 프로그램 운영, 창의체험버스 지원, 교원과 함께하는 마을탐방연수, 수업방법 개선, 협력교사 지원, 교원동아리 지원사업, 방과후학교의 자치구 직접 운영, 학생동아리 지원사업, 학생회 네트워크 지원사업, 교원역량신장 전문연수, 교육자원 박람회, 학생상담 자원봉사자 지원 등의 사업이 진행되고 있다.

학교는 마을(지역) 안에 위치해 있다. 아직 한국이 각각의 지역마다 공동체성을 회복하고 있지는 못하지만, 우리의 청소년(학생)들이 마을이라는 물리적 공간에서 생활하고, 놀고, 자라고 있다. 이처럼 청소년(학생)들이 생활하고 있는 마을에 어떠한 일이 있는지, 어떤 시설이 있는지, 큰 영향을 끼칠 만한 훌륭한 인물은 없는지, 안전을 위협하거나 위험요소를 함께 막아줄 자원은 있는지 등을 알아보는 것은 매우 중요하고 또 필요하다.

학교의 관리자부터 학교를 둘러싸고 있는 관공서, 민간교육자원 등 마을의 곳곳을 일일이 다 방문하여 명함을 주고받고, 서로의 행사에 초청하고, 정기적·지속적인 관계를 형성한다면 머지않아 다양한 형태로 긍정적인 피드백이 돌아올 것으로 예상한다.

특히 학교가 속한 동주민센터와 지자체, 도서관, 경찰서, 소방서, 보건소, 지역아동센터, 문화센터 등은 학교에서 적극적인 관계를 시도한다면 지속적으로 협력이 가능한 곳이다. 지자체 및 지자체 산하기관의 교육경비보조금, 각종 교육지원사업 등의 규모는 협력적 관계와 정비례하는 경우가 많다.

좋은 관계를 형성하고 지속적으로 협력하기 위해 더욱 중요한 점은 서로를 존중하고 평등한 관계를 유지하는 것이다. 학교가 마을에게, 마을이 학교에게 서로의 장점을 살려 협력을 제안하고 노력하는 모습이 무엇보다 우선시되어야 할 것이다. 예컨대 청소년(학생)들의 봉사활동은 마을에 실질적인 도움이 되면서도 의미 있는 활동으로 전환되어야 하고, 마을축제에 적극 참여하는 등 마을에 적극 협력을 해주는 것도 잊지 말아야 한다.

배움의 공간을 학교에서 마을로 확장하기

학교는 일차적으로 교육을 전담하는 시설이므로 교육은 주로 학교에서 이루어진다. 하지만 만약 배움의 내용이나 방법이 학교 공간에서 이루어질 때보다 훨씬 더 효과적으로 이루어질 수 있다면 이제는 학교 밖에서 실천으로 이어지는 교육이 필요하다. 또한 현장에서 직접 체험과 몰입하는 과정에서 배움으로 이어지는 노력도 필요하다.

아울러 교육과정 재구성을 통한 프로젝트 수업과 마을의 자원을 연계한 체험 중심형 수업을 적극 도입하려는 노력이 필요하다. 문화예술교육, 생태환경교육, 창의적 체험활동, 동아리활동, 봉사활동 등이 배움의 공간을 마을로 확장하기 좋은 예이다.

학생과 학부모와 교직원의 자치문화 꽃피우기

이제 학교와 마을 사이에 서로 만나고 이해하고 협력하는 과정에서 서로에 대한, 서로를 통한, 서로를 위한 내용에서 한 단계 더 발전할 필요가 있다. 즉 이제는 한 단계 더 높여서 청소년(학생), 학부모, 교직원 스스로가 지속 가능한 자치활동을 만들어가기 위해 노력해야 한다. 일회성 행사로 끝나는 게 아니라 지속적인 활동으로 전통이 생기고 발전이 동반되며 각 구체 간의 협력이 모이도록 시스템을 진화시켜야 한다. 학교의 모든 주체가 참여하는 사회적 협동조합을 만들 수 있고, 지역의 튼튼한 네트워크를 만들 수 있기를 희망한다.

마을과 학교, 협력을 넘어 연합으로

"여도 야도 아닌 전교조의 압승" 2014년 6월 5일 아침 조선일보의 헤드라인은 이렇게 커다란 제목으로 장식되었다. 전날 치러진 지방자치선거에서 진보성향으로 분류되는 교육감이 17개 광역시·도 중 13명이나 당선되었기 때문이다. 시간이 흘러 2016년 4월 국회의원 총선거를 앞두고 당시 새누리당은 총선공약으로 교육감직선제 폐지를 내걸었다.

2011년 이후 경기, 서울, 전남, 충북, 인천, 전북 등 전국적으로 확산되는 혁신교육지구의 핵심이 **마을과 학교의 협력**이었기에 이 협력을 더 촉진시키기 위해 새누리당이 일반자치와 교육자치의 구분으로 인한 문제해결을 위한 방편으로 교육감직선제 폐지를 들고 나왔다면 '새누리당이 왠일이야?'하며 관심을 가졌을지 모른다. 하지만 새누리당은 교육자치와 일반자치의 협력에 관심이 있었던 게 아니라, 단지 진보교육감의 확산을 막고자 했을 뿐이었다.

① 일반자치와 교육자치의 협력

교육자치가 지방자치와 구분되는 것은 헌법 제31조 "교육의 자주성·전문성·정치적 중립성 및 대학의 자율성은 법률이 정하는 바에 의하여 보장된다"에 근거하여 「교육기본법」과 「지방교육자치법」에 의하여 시행되고 있다. 그런데 또 다른 아이러니는 전 세계에서 교육자치와 일반자치가 구분된 국가가 몇 안 된다는 것이다. 내가 알기로는 한국과 일본 그리고 프랑스의 몇 개 주를 제외한 대부분의 국가는 지방자치 안에 교육이 포함되어 통합 운영되는 것으로 알고 있다.

경제협력개발기구(OECD), 유럽연합(EU), 국경없는의사회, 국제연합교육과학문화기구(UNESCO), 굿네이버스 등 세계적으로 국제기구의 수와 역사도 다양하고 더욱 발전하고 있다. 국가 간의 협력도 이처럼 활성화되기 위해 노력하는데, 국내의 마을과 학교에서도 이제는 새로운 협력이 필요한 때가 아닐까?

혁신교육지구 사업의 핵심은 바로 **일반자치와 교육자치의 협력**이다. 과거에 보지 못했고 질적으로 심화된 협력 모델은 교육과 일반 행정의 발전은 물론 우리 사회의 정치 발전에도 큰 도움을 주게 될 것이다. 왜냐하면 교육자치와 일반자치의 협력 모델은 그자체로 이미 풀뿌리 정치이기 때문이다. 북유럽의 핀란드, 스웨덴, 덴마크 등의 사회는 유아기 교육 때부터 **협력**의 중요성에 대해 체계적인 교육을 받으며 자란다. 가정에서도 마찬가지로 부모의 존중 및 형제와 친구와 함께 생활하는 법을 몸에 익힌다. 사회 시스템이 사람을 중시하고 경쟁보다는 협력을 강조하기 때문에 모든 사회가 협력적 관계로 묶여 있다. UN의 행복지수 조사에서 2012, 2013년 세계 1위인 덴마크는 전체 인구의 35%가 협동조합에 참여하고 있다는 사실에 주목할 필요가 있다.

한편 한국의 상황은 이와는 정반대다. 과거 우리네 삶을 지지해 준 두레나 품앗이 같은 나눔의 전통은 거의 찾아보기 어렵고, 경쟁을 앞세운 개인주의가 만연해 있다. 심지어 이는 자본주의 국가 중에서도 가장 두드러진 수준이다.

② 사람을 중시하는 교육공동체 구축

서울에서 혁신교육지구를 추진하는 자치구는 한국의 수도에 위치한 작은 도시들이다. 전국의 100개의 지자체가 혁신교육지구에 참여하고 있다. 서울의 22개 자치구가 변화하려고 한다. 그 변화의 시작이 바로 사람을 중시하는 **교육공동체** 구축이다. 이를 통해 마을 곳곳에서 즐거운 배움이 일어나는 마을학교를 세우고 작은 마을단위마다 공동체를 구축하여 학교와 마을이 늘 소통하는 걸음을 내딛고자 한다.

역사적인 '혁신교육 지방정부협의회' 창립

2018년 3월 31일은 아주 특별한 날이다. 학교와 마을의 협력을 위해 한국의 지방자치와 교육자치 역사상 처음으로 전국의 기초지자체장들이 **혁신교육 지방정부협의회**를 출범시킨 날이기 때문이다. 비록 전국 226개 기초지자체 중에서 31개의 지자체만 참여했지만, 향후 더 많은 지자체가 참여할 것으로 보인다. 이 협의회는 어린이와 청소년의 권리 신장, 우리 모두를 위한 지속 가능한 교육, 주민자치의 교육, 교육기관과의 협력, 미래시대의 교육환경 구축을 위해서 "내 삶을 바꾸는 교육, 주민이 만드는 혁신교육"을 위한 혁신교육 지방정부협의회 출범선언을 했다. 자치분권의 확대와 더불어 기초지자체가 혁신교육 지방정부협의회를 창립해 마을과 학교, 일반자치와 교육자치의 협력을 공식화한 것이다. 대한민국의 미래가 한층 밝아졌고 가슴이 두근거린다.

학교 밖에서 매일 바라보는 마을과 지역은 자연과 도시와 사람이
공존하는 하나의 거대한 마을생태계다. 도봉구는 해마다 500만
명 이상이 찾는 도봉산을 비롯해 이웃 동네인 노원구와 경계를 이
루는 중랑천과 초안산, 강북구와 경계를 이루는 우이천 그리고 역
사문화재, 아파트, 학교, 관공서, 도서관, 시장을 보유하고 있다.
가장 중요한 것은 사람이 사는 곳이라는 것이다. 도봉구에 와서
교육과 관계된 일, 학교와의 협력에 대한 일 등을 하며 도봉구 곳
곳에서 활동하는 많은 사람들을 만나게 되었다.

마을공동체를 만들기 위해 노력하는 마을 활동가, 문화예술인,
청소년 지도사, 교육 관련 센터, 지역 아동센터, 도서관, 시민사회
단체, 협동조합, 사회적 기업, 학부모단체, 청년 모임, 주민 모임
등 이루 헤아릴 수 없는 많은 분들을 만날 수 있었다. 자세히 보니
그들은 다른 지역에서 어느 날 갑자기 나타난 사람들이 아니라 마
을 곳곳에 혹은 학교 주변에 늘 계셨던 분들이었다. 특히 학부모
님들이 학교 안에서 학부모활동을 하시고, 마을 곳곳에서도 다양
한 주제로 평생학습 동아리활동과 도서관 봉사활동을 하시는 분
이 많다는 것을 알 수 있었다.

도봉구를 포함한 전국 어디를 가든지 마을이 있고, 그 마을 안
에는 사람이 있다. 그리고 그 사람들은 모두 만날 수 있고 또 만나

야 하고, 협력할 수 있고 또 협력해야 하는 소중한 사람들이다. 이 거대한 마을생태계가 지속 가능하고 선순환이 되려면 내부 주체들 간 상호작용이 활발해져야 한다.

마을과 학교가 더욱더 **협력**하면 좋겠다. 마을을 위해 일하는 지자체는 평소에 하는 역할이 지역 전체를 책임지고 지역주민 생활의 전반을 관활하기에 동네마다의 각종 정보와 현안 등을 속속들이 알고 있고, 이에 대한 답을 찾으려고 노력하고 있다. 마찬가지로 학교는 마을 곳곳에 있고 학생과 학부모와 교사들이 일상적으로 만나기 때문에 마을의 문제는 학교의 문제가 되고, 학교의 문제는 곧 마을의 문제가 된다. **마을이 학교이고, 학교가 마을이다.** 나는 한국이 겪는 정치·사회·교육 문제 등 모든 문제는 사람과 사람이 만나 얼마든지 해결할 수 있다고 생각한다. 2016년 대한민국의 촛불혁명도 모두 사람들이 광장에 모여 만났기에 가능했던 일이 아닐까?

나는 도봉구에서 일한 경험을 바탕으로 앞으로 대한민국의 모든 마을과 학교의 협력이 더 활발해지기를 소망하며 이 글을 썼다. 4년간 도봉구 교육을 위해 지자체에서 일한 경험을 통해 얻게 된 생각이 뭐냐고 묻는다면 나는 힘차게 다음과 같이 말하고 싶다.

"사람이 희망이고, 사람이 미래다!"

도봉혁신교육지구를 위하여 헌신한 고마운 분들

도봉구가 서울형혁신교육지구로 지정을 받기까지 그리고 2015년 혁신교육지구 지정 이후 현재까지 정말 어마어마한 수고와 노력을 아끼지 않은 분들이 있었다. 그분들이 없었다면 아마 현재의 도봉혁신교육지구는 존재하지 않았을 것이다. 그분들의 수고와 노력을 잊지 않기 위해서라도 지면으로나마 그분들의 이름을 기억하고 감사의 인사를 표하고 싶다.

- **도봉혁신교육지구 준비 실무 TF 위원(2014)**: 손수연 도봉구청 팀장님, 권혜영 도봉구청 팀장님, 박상준 선생님, 이시우 선생님, 이영수 쌍문동청소년문화의집 관장님, 이명승 교육희망네트워크 집행위원장님, 전정훈 책을 타고 날다 대표님
- **도봉혁신교육지원센터(2015~2018)**: 도봉구청 김연환 과장님, 오태근 과장님, 임창길 과장님, 황영미 과장님, 도봉구청 손수연 팀장님, 황인성 팀장님, 최병우 팀장님, 권혜영 팀장님, 석용균 주무관, 이유미 주무관, 이승준 주무관, 김미정 주무관, 박진영 주무관, 오명관 주무관, 권샛별 주무관, 한승화 주무관, 지부연 주무관, 박형직 주무관, 박제열 주무관, 강유라 주무관, 한유진 주무관, 민수하 주무관, 정우천 주무관, 성연철 주무관, 장윤주 주무관, 김상하 주무관, 이명승 주무관, 컨설턴트 이명승 선생님, 이용은 선생님, 김영애 선생님, 박경희 선생님
- **권역별 활동가(2016)**: 강경화, 김은진, 신수경, 김영애, 김미영, 조이전, 노애경, 유소영, 최인설 선생님
- **도봉마을방과후 활동센터(2017~2018)**: 홍은경 선생님, 제시영 선생님, 신선일 선생님, 김용미 선생님
- **서울북부교육지원청(2015~2018)**: 오세규 과장님, 김재성 과장님, 장윤숙 장학사, 이재홍 장학사, 안세원 장학사, 김종영 장학사, 배학진 장학사, 김소영 장학사, 김혜영 장학사, 오민정 장학사, 진현선 팀장님, 박지현 주무관, 임상희 주무관, 전미경 조정자, 성지윤 조정자
- **도봉구 관내 학교 교장선생님(2014~2018)**: 도봉혁신교육지구 추진단, 운영협의회, 실무협의회, 분과협의회 위원님 전원(2014~2018)

마지막으로 도봉마을교사 510명과 도봉혁신교육지구 사업에 참여하시는 모든 분들께 감사의 인사를 드리고 싶다.

2부와 3부의 경기도 시흥시와 서울시 도봉구의 운영 사례를 통해 실제 혁신교육지구가 지역별로 어떻게 운영되고 있는지 들여다보았다. 앞서도 살펴보았지만, 혁신교육지구는 단순한 예산지원으로 이루어지는 사업이 아니라, 민-관-학이 한마음 한뜻으로 힘을 모아 움직이는 일종의 교육운동이자 사회운동이라고도 할 수 있다. 이제 4부에서는 현재까지 운영된 혁신교육지구의 성과를 살펴보고, 또한 앞으로 어떻게 발전해 나가야 할지 그 방향을 살펴보려 한다.

PART 04

모든 구성원이 함께하는 진정한 마을교육공동체

혁신교육지구의
발전방향

by 강민정

지금까지 혁신교육지구가
무엇인지 대략적으로 설명했습니다.
그렇다면 혁신교육지구는
우리 사회에 어떤 영향을 미쳤을까요?
또 앞으로 어떤 방향으로 나아가야 할까요?
책을 마무리하기 전에
이제부터 그 이야기를 해보려 합니다.

CHAPTER 01
혁신교육지구가 이뤄낸 성과

"
이제 앞선 내용들을 통해 혁신교육지구가 무엇이고, 어떻게 탄생했으며 또 현재까지 어떤 식으로 운영되어왔는지에 관해 어느 정도 설명이 되었을 것이다. 그렇다면 이렇게 운영된 혁신교육지구가 어떤 성과를 이루어왔는지 또 어떤 변화를 가져왔는지 이야기할 필요가 있다. 이 장에서는 현재까지 혁신교육지구가 이뤄낸 나름의 성과에 관해 살펴보려 한다. 이 장의 내용은 필자가 이윤미 등과 함께 연구한 서울시교육청의 '2015 서울형혁신교육지구 사업의 현황 분석 및 발전 방안 연구' 중 집필한 부분을 수정 보완한 것이다.
"

보편적 복지로의
인식 전환을 꾀하다

우리 사회는 오랫동안 성장 중심 패러다임이 지배해왔다. 경제규모가 확대되고 문화적 수준이 향상되었으며, 시민의식이 성장해감에 따라 삶의 질을 높이는 문제에 대한 관심 또한 점점 더 커지게 되었다. 어떻게 보면 무상급식 논쟁은 **보편복지** 필요성에 대한 사회적 동의를 만들어낸 계기라고 할 수 있다. 그와 동시에 사회가 아동·청소년에 대해 **공적 책임**을 져야 함을 좀 더 명확하게 제기한 것이기도 하다.

무상급식 문제가 학교 안에서 이루어지는 일과 관련된 것이었기 때문에 그 성격이 명료하게 인식되지는 못했다. 하지만 무상급식 논쟁과 그 결과는 국가가 아이들에게 공교육인 학교교육을 제공하는 것만으로는 충분하지 않다는 것에 대한 사회적 합의에 도달했다는 것을 의미한다.

아이들 삶을 공적 시스템으로 사회가 책임질 필요성 제기

혁신교육지구는 지역과의 협력으로 학교교육을 변화시키고 혁신한다는 점이 있지만, 어찌 보면 이는 혁신교육지구 정책의 문제의식과 취지에 비추어볼 때 부차적인 것이다. 혁신교육지구가 갖는 더욱 중요한 문제의식은 학교가 끝난 방과후 시간, 철저하게 사적 영역에 던져진 아이들의 삶도 공적 시스템에 의해 사회가 책임져야 한다는 것을 제기한다는 데 있다.

아이들의 일상이 전개되는 공간은 크게 학교와 마을이다. 혁신교육지구에서 마을은 중요한 주체이다. 마을의 역할에 관심을 집중하기 시작한 것은 이처럼 아동·청소년 복지의 전면적 확대라는 사회적 요구에 답하는 과정이기도 하다.

학교폭력, 왕따, 청소년 자살 증가, 세계 최저 청소년 행복지수는 우리 사회가 시급히 해결해야 할 심각한 문제 중 하나다. 이런 문제들은 아이들이 당면한 고통일 뿐만 아니라, 우리 사회 미래를 어둡게 만드는 중대한 요인이기도 하다. 그런데 이런 문제들은 결코 학교의 변화만으로는 해결될 수 없다.

우리 사회 어른들, 특히 부모들이 자녀의 행복을 위해 입시교육에 들이는 시간, 비용, 에너지는 가히 천문학적이다. 그러나 역설적이게도 그 규모가 커지고 부모들의 열망과 노력이 배가될수록 어쩐지 아이들은 행복에서 점점 더 멀어지기만 한다. 또한 교육

뿐만 아니라 사회 전체 차원에서 아동·청소년 문제는 더욱 심각해지고 있다. 이 딜레마의 원인은 아이들의 행복을 추구하는 방식이 지나치게 사적인 성격을 갖는다는 데 있다. 그러니까 이 딜레마에서 벗어나는 길은 아이들의 행복을 위해 노력할 수 있는 공적 방식을 찾아내는 데 있는 것이다.

잠재적 가능성에 머물러 있던 인프라의 체계적 조직

우리 사회는 이미 정부 교육예산 면에서나 부모들이 사적으로 지출하는 사교육비 면에서나 아이들을 행복하게 해줄 수 있을 만큼의 재정 능력을 충분히 갖추고 있다. 학부모들의 평균 학력은 높아졌고, 사회 곳곳에는 다양한 전문성을 보유한 사람들이 존재한다. 아이들 교육을 위해 활용할 수 있는 인적·물적 교육 인프라는 이미 부족하지 않다. 다만 이것들이 제대로 조직되지 못하고 있을 뿐이다.

혁신교육지구는 단지 잠재적 가능성에 머물러 있던 우리 사회의 인적·물적 재원을 **체계적으로 조직**하여 학교 안팎에서 충분히 지원을 받으며 자랄 수 있는 아동·청소년 복지를 시작하자는 제안이며 실천이다. 혁신교육지구 정책을 앞서 추진해왔던 일부 지역에서는, 최근 학교교육에 대한 지원 못지않게 방과후 아이들 삶과 관련된 사업들에 대한 관심이 높아졌고, 그것을 위한 구체적인 실천들이 이미 이루어지고 있다. 혁신교육지구의 의의는 우리의 미래라고 불리지만 실은 또 다른 사회적 약자의 처지에 놓여 있는 아이들에게 관심을 기울이고, 그들을 위한 총체적인 복지시스템 구축을 위해 학교와 마을이 협력을 시작하게 만든 것에 있다.

교육패러다임을
확장하다

그동안 교육은 교육청과 학교만의 일로 공식화되어왔다. 그러나 교육청과 학교만으로 아이들의 교육이 완성될 수 있다고 믿는 사람들은 없다. 교사들은 때때로 아니 자주, 최대한을 한다고 했는데, 최소한의 결과만을 얻게 되는 경험을 하곤 한다. 학교교육만으로는 해결할 수 없는 한계들에 부딪치기 때문이다. 부모나 가정에서 비롯되는 문제나 사회적 환경 혹은 사회구조의 문제라는 벽에 막혀서 더 나아가기 어렵다고 느끼는 경우가 많다.

학교만의 노력으로는 혁신에 한계가 있다

가정과의 소통과 협력, 사회구조 변화 노력이 학교와 만나야만 비로소 아이들의 성장을 제대로 도울 수 있다. 혁신교육지구는 학교만으로는 아이들의 교육이 결코 충분하지 않다는 문제의식에서 출발하게 된 것이다. 혁신교육지구는 협의의 교육을 넘어선 한층 더 넓은 광의의 교육을 함께하자며 학부모와 지역과 사회에 절박하게 손을 내미는 일이다.

때마침 **"마을이 학교다"**라는 명제가 많은 이들 사이에서 회자되었다. "마을이 학교다"라는 말은 사람에 따라 다양하게 해석되고 있다. 그러나 궁극적으로 그것은 학교만이 아니라 마을도 교육적 공간이며 또 그래야 함을 의미하는 것이다.

마을, 교육적 공간이 되게 하다

마을이 교육적 공간이 되려면 학교만이 아니라 마을에서도 배울 수 있고, 마을 어른들에게도 배울 수 있어야 한다. 혁신교육지구는 학교와 교사라는 틀에 갇힌 학교교육을 위주로 생각해온 교육에 대한 기존의 좁은 관념을 학교 밖 마을과 마을 어른들로까지 확장했다. 교육의 패러다임이 확장된 것이다. 혁신교육지구는 교사와 부모, 지역주민들까지 교육적 책임을 서로 나누게 하고, 학교와 마을은 그 일을 함께하는 공간이 되어야 한다는 인식을 더 많은 사람들이 가질 수 있게 해주었다.

지역과 소통하고 협력하는 일이 필요하고 중요함을 인식하게 되면서 교육의 3주체라고 하는 학생, 교사, 학부모에 지역까지 더해져 교육 4주체 개념도 생겨나고 있다. 이때의 4주체라 함은 단순히 마을이 학교에 들어온다는 것을 의미하기도 하지만, 학교 밖 교육의 중요성에 대한 새로운 각성과 확인이기도 하다.

학교 밖으로 확장된 다양한 교육과정

혁신교육지구로 학교교육에 마을의 사람들, 마을의 역사와 마을의 문화가 들어오고 아이들이 마을로 나가는 일이 점점 늘어나게 되었다. 더욱 중요한 변화는 학교교육과 직접적 연관을 갖지 않고도 마을에서, 마을 어른들이 아이들을 교육적으로 돌보는 다양한 일들이 점점 더 많아지고 있다는 사실이다.

혁신교육지구 실천은 학교가 지역을 단지 학교교육의 일방적 지원자 또는 활용할 대상으로만 보는 것이 아니라 삶과 결합된 교육, 교과서에 갇히지 않는 교육, 지식 일변도 교육을 극복하고 **마을교육과정**을 만드는 것으로까지 나아가고 있다.

마을은 그동안 학교에 미뤄두었던 교육에 대한 책임에 대해 새롭게 자각하고 학교교육을 도와 함께하는 것은 물론, 나아가 마을에서 아이들을 교육적으로 돌보는 방법에 대해 고민하면서 마을이 지원하는 청소년 동아리, 아이들과 함께 하는 **마을축제, 마을학교** 등 다양한 실천들을 해나가고 있다.

혁신교육지구가 광의의 교육 개념에 실체를 부여하고 있는 것이다.

03

거버넌스의
실질적 단초를 구축하다

혁신교육지구 정책의 목표는 여러 기관이나 단체가 단순하게 기계적이고 평면적인 결합으로 각종 교육 프로그램들을 나열하는 데 있지 않다. 혁신교육지구는 학교와 지역이 협력하여 **학교교육 정상화**를 돕고, 학교 밖 지역에도 아동·청소년 **교육복지를 위한 시스템**을 만드는 일이다. 따라서 예산에 주로 의존해 일시적인 교육 프로그램을 진행하는 것이 아니라, 학교와 지역이 자체적인 교육 시스템을 만들고 이를 협력적으로 운영할 수 있는 인적·물적 교육자원을 체계적으로 조직하는 방식이 되어야 한다.

학교와 지역이 협력적 교육시스템을 운영하기 위한 조건

이를 위해서는 첫째, 공교육 정상화의 방향과 내용에 대한 상호

간 인식의 공유가 이루어져야 하며, 학교구성원들의 요구, 지역의 활용 가능한 교육자원에 대한 파악 및 이들의 참여와 지원이 필요하다. 지역의 교육지원청과 자치구청은 이런 사업들을 행·재정적으로 지원하기 위한 자기 역할을 수행해야 한다.

둘째, 학교가 마을을 알고 이해해야 한다. 또한 마을에서 이루어지는 교육적 돌봄의 내용과 방식, 체계에 대해 관심을 가지고 교육 전문가로서 지원에 나서야 한다. 협력이란 어느 일방의 도움이 아니라 상호 이해와 소통에 기초한 상호 지원일 때 가능한 일이다. 이러한 일들이 이루어지기 위해서는 민-관-학이 안정적으로 소통하고 협력하는 체계가 필요하다.

단순 마을협력교육 정책이 아닌 마을교육공동체 만들기

혁신교육지구 정책으로 인해 서울 22개 자치구를 비롯해 전국 곳곳에서 다양한 형태와 수준에서 지역 협력교육 사업이 추진되고 있다. 이를 위해 교육청, 자치단체, 학교, 지역주민들이 공동주체가 되는 거버넌스 실천이 이루어지고 있다. 서울의 경우 혁신교육지구 정책이 개별 사업이나 프로그램보다 거버넌스 구축을 주요 과제로 설정한 결과라 할 수 있으며, 다른 많은 지역에서도 단순한 마을협력교육 정책이 아니라 마을교육'공동체'를 만들기 위한 정책을 위해서는 **협치**가 필요하다는 공통된 인식이 공유되고 있기 때문이다.

비록 각 지역별로 조건과 역량의 차이가 있고 거버넌스의 범위 및 안정화 정도에 있어서도 차이가 있지만, 혁신교육지구 정책을 통해 전국 각 지역에 교육을 매개로 한 민-관-학 거버넌스가 시도되고 있다는 것은 중요한 성과다. 서로 다른 특성을 가진 이들이 만나 함께 일하는 것은 필연적으로 갈등과 차이를 유발하지만, 그것을 극복해낼 때 각각 따로 존재할 때는 상상조차 할 수 없던 시너지 효과를 만들어낼 수 있다. 혁신교육지구는 형식적 위원회나 협의회가 아니라 함께 공동의 일을 수행하는 과정을 통해 거버넌스의 실체적 토대를 만들어내고 있다.

04

지역 교육역량들의
상호 신뢰를 강화시키다

거버넌스를 구축하는 과정에서 이루어지는 소통과 협력의 과정
은 그간 개별적 차원에서 사업을 해온 지역 내 교육 담당자와 교
육 관계자들이 서로를 이해하고 서로에 대한 신뢰를 회복하는 과
정이기도 하다.

교육청과 자치단체의 소통을 자연스럽게 촉진

교육(지원)청과 자치단체는 같은 교육사업을 하면서도 서로 간에
충분한 소통을 해오지 못한 게 사실이다. 하지만 혁신교육지구는
양 기관 간에 공동사업을 통한 접촉과 소통을 자연스럽게 촉진시
키고 있다. 이로써 행정자치와 교육자치가 만나 서로를 이해하는
계기가 되고 있다. 상명하달의 수직적 관계를 기본으로 했던 학

교와 교육지원청의 관계 역시 지역 교육을 함께 고민하고 논의하는 과정 속에서 아직 초보적 수준이기는 해도 수평적 관계가 어느 정도 회복되기 시작하고 있다. 교사들이 학교장이나 장학사들과 나란히 협의할 수 있는 기구나 단위들이 많아지고 있고, 교육(지원)청에 파견 나가 함께 일하는 경우도 많아지고 있다. 가장 비조직적으로 산재되어 있던 지역의 교육활동가들 역시 혁신교육지구를 계기로 공론화의 장에 참여하게 되었다. 아울러 자치단체나 교육(지원)청, 학교와 수평적 관계 속에서 소통하고 협력하는 경험을 하게 되었다.

소통을 통해 뿌리 깊은 불신의 문제를 해결해가다

소통하고 협력하는 모든 과정이 가져온 변화는 놀라웠다. 그동안 각 주체단위들은 소통은커녕 접촉과 교류의 기회조차 거의 갖지 못했다. 그리고 이는 상대에 대한 막연한 불신들을 초래했던 게 사실이다. 하지만 이제 혁신교육지구를 통해 이들 사이에 서로를 이해하고 신뢰관계를 형성할 수 있는 계기가 만들어진 것이다.

지역주민과 교사들은 교육청과 자치단체 공무원들이 얼마나 힘든지, 행정이 어떻게 이루어지고, 또 어떤 제도적 한계가 있는지를 이해할 수 있게 되었다. 한편 교사나 지역주민들을 정책과 행정의 대상, 귀찮은 민원인으로만 여기던 장학사나 자치단체 공무원들은 교사나 지역주민들이 가진 능력과 열정을 새롭게 확인하고 정책의 공동주체가 될 수 있다는 경험을 하게 되었다. 이 과정을 통해 오해는 이해로 바뀌었고, 각자가 갖지 못했던 것들을 상대방에게서 발견함으로써 서로에게 부족한 부분을 채워주고 상호 학습이 일어나 함께 성장할 수 있는 토대들이 만들어지고 있다.

05 | 지역 교육자원을
발굴하고 조직화하다

지역에는 상당한 전문성을 보유한 각 분야의 전문가들이 생각보다 많다. 또한 학부모나 지역주민이나 문예체 전문가들로 구성된 다양한 교육활동 소모임들도 적지 않다. 게다가 청소년 수련시설이나 진로교육지원센터, 대안교육기관, 지역 아동센터, 청소년 문화센터, 도서관, 공연장이나 전시관 등 다양한 청소년 대상 기관이나 시설이 있고, 이곳에서 일하는 인력 규모 또한 적지 않다.

개별적 사업 진행으로 인한 여러 가지 문제

그동안 지역 내에서는 교육을 중심으로 한 사업 추진단위가 부재했다. 따라서 이들 인적·물적 자원들은 각자의 필요에 의해 각자의 방식대로만 존재해왔다. 그렇다 보니 사업의 진행 또한 개별적으로 이루어진 게 사실이다.

자치단체는 자치단체대로 학교교육에 대한 이해나 학교와의 충분한 소통 없이 교육경비보조금으로 교육지원사업을 해왔다. 지역의 교육 시민단체 활동을 하는 이들은 교육청이나 자치단체와의 연계는 물론이려니와 지역 활동가 간의 수평적인 연계조차 갖지 못한 상태에서 각자 따로 활동을 해왔다. 특히 자발적 소모임의 경우 비공식성 때문에 필요한 행·재정적 지원체계 없이 밖에서 어렵게 운영되어왔다.

이렇게 그간 각 단위들이 개별적으로 교육사업을 진행하다 보니 여러 가지 문제가 생길 수밖에 없었다. 즉 사업의 적절성, 예산의 중복성, 교육자원의 효과적 활용 등 문제가 끊임없이 발생했던 것이다.

혁신교육지구, 지역 교육 인프라를 풍부하게 만들다

혁신교육지구 정책을 통한 지역 협력교육의 실천 과정은 이러한 문제들을 객관화시키고 이를 극복하기 위한 한층 체계적인 협력의 필요성을 인식하게 했다. 혁신교육지구는 지역 내 산재해 있는 다양한 교육자원들을 공식적인 사업체계 안으로 끌어들이고 이들 간에 수평적인 소통과 협력체계가 만들어질 수 있도록 자극하고 있다.

혁신교육지구는 지역 내 모든 교육적 역량들이 소통하고 협력하면 더 좋은 교육이 가능해질 수 있다는 것을 확인하는 계기가 되고 있다. 많은 교육(지원)청이나 자치단체에서 지역 교육자원을 적극 발굴하고 양성하는 사업들을 진행하고 있다. 이는 기존 자원의 조직화를 넘어서서 잠재된 지역 자원들을 지역 교육활동에 연결시켜 지역의 교육 인프라를 더욱 풍부하게 만드는 역할을 한다.

06 공교육혁신에 대한
인식을 확산하고 대안을 모색하다

공교육의 황폐화 문제는 이미 전 사회적으로 인식되고 있는 바다. 하지만 아직까지 이를 해결하기 위한 구체적인 노력은 미흡한 편이다. 이에 혁신교육지구는 지역의 교육관계자들이 지역 내 교육활동에 대해 구체적인 사업을 가지고, 고민하고 실천하게 만들고 있다.

더 많은 사람들이 교육혁신 실천을 고민하게 하다

이는 거대 담론 수준의 교육개혁 논의나 교사나 교육청에게만 맡겨왔던 교육혁신 실천을 더 많은 사람들이 구체적으로 고민하게 함으로써 공교육혁신에 대한 고민과 노력을 실천적이면서도 확장적인 힘으로 결집시키게 했다.

전국의 혁신교육지구는 그 표현 방식은 다르지만, 어쨌든 궁극적으로 공교육혁신을 정책 목표로 한다. 어쩌면 혁신교육지구에 참여하게 된 학부모나 지역 주민들은 다른 무엇보다 우리 사회가 직면한 공교육혁신의 필요성에 공감하며, 학교교육 문제해결을 돕거나 참여하기 위해 나선 이들이 많을지도 모른다. 그만큼 교육 문제의 심각성과 해결에 대한 절박함은 교육 문제에 관심을 가진 이들이라면 누구에게나 공통된 현상이라 할 수 있다.

그러나 정작 거대 담론 차원에서 공교육 문제를 다루거나 고민을 한다곤 해도, 정작 학교의 현실이 어떤지에 대한 구체적인 이해와 경험을 가진 이들은 그리 많지 않다. 학교의 교육과정은 어떻게 짜이고 운영되는지, 교사들은 학교에서 어떤 일을 하는지, 아이들은 어떤 상태인지 등등에 대해 실은 잘 알지 못하기 때문에 학교교육의 혁신을 위한 구체적인 방안을 제시하거나 학교교육의 혁신에 기여하는 방안을 찾기 어려운 경우가 많다.

더 많은 지혜가 모일수록 혁신의 효과도 커진다

혁신교육지구는 지역주민과 자치단체와 같은 학교 밖 사람들이 학교와 만날 기회를 자주 갖게 하며, 그러한 과정을 통해 학교 안을 들여다볼 수 있게 해준다. 아는 만큼 보이고 보이는 만큼 해결책을 찾을 수 있는 것이다.

　많은 이들에게 학교는 자신의 학창시절 기억, 그것도 학생으로서의 기억에 머물러 있는 경우가 많다. 그런데 공교육 문제를 해결하기 위한 공동주체로서 학교를 보게 되면 자신의 기억 속 학교와는 다른 모습들을 많이 발견하게 된다. 어쩌면 더 심각한 문제들을 발견하게 될 것이고, 학교교육 문제의 구조적 원인들까지 파악할 수 있는 계기를 제공해줄 수도 있다.

　아이들이 행복하게 살며 민주시민으로 잘 자라게 하는 데 있어서 학교는 여전히 가장 중요한 부분이다. 혁신교육지구는 당연히 참여하는 모든 이들에게 공교육 문제를 구체적으로 이해하고 혁신 필요성을 공유하며 그 실천적 대안을 모색하는 데 더 많은 이들의 힘과 지혜를 모을 수 있도록 하는 계기가 되고 있다.

　학교교육혁신의 일차적인 책임은 학교구성원인 학교장과 교사들에게 있다. 그들이 또한 직접적인 학교교육혁신의 주체일 수밖에 없다. 그러나 학교교육혁신은 구조적 문제로 인해 학교의 노력만으로는 불가능한 부분이 있다는 점에서, 그리고 학부모나 지역의 지원을 받으면 혁신 효과가 더 커진다는 점에서 민-관-학이 협력하는 혁신교육지구는 공교육혁신에 좋은 기회가 될 수 있다. 서울의 경우에는 혁신교육지구의 필수 과제[1]를 선정하여 이를 모

---

1. 선정된 필수 과제의 적절성 문제는 별도의 논의가 필요하다.

든 지구에서 공통적으로 실시하게 함으로써 혁신교육지구 관계자들이 좀 더 목적의식을 갖고 공교육혁신의 방향과 관점을 공유하며 사업을 추진해 나가도록 추동하고 있기도 하다.

지역공동체성 회복의
계기를 마련하다

엄밀한 의미에서 지금 우리나라에 실체로서의 마을이 존재하는 가에 대해서는 선뜻 답하기 어려운 상황이다. 가족의 해체마저 왕왕 회자되는 마당에 '마을'은 구태여 말해 무엇하랴.

공동체의 회복은 구조 변화를 추동하는 힘

모두가 파편화되어 있고, 마을이라 하는 곳은 실은 다음날의 노동을 위해 숙식을 해결하는 최소한 휴식 공간인 집들이 모여 있으나 실은 낱낱이 점처럼 흩어져 있는 곳. 이것이 바로 오늘날 마을의 모습이다.

대도시는 말할 것도 없고, 지방조차 마을사람들 간의 수평적 교류와 연대 문화가 많이 파괴된 상태다. 이런 상황에서 실체로서 존재하지 않는 마을이 혁신교육지구의 한 주체로서, 교육혁신과 아동·청소년 돌봄을 위한 협력 대상으로서 논해지는 것이 과연 타당한가에 관한 문제가 제기될 수도 있다. 혁신교육지구는 비슷한 지역 공간에 살지만, 연대감이나 공동체적 관계가 형성되어 있지 못한 채 살고 있는 이들이 이해관계가 아니라 공동의 관심사와 문제로 함께 머리를 맞대고 협력하는 계기를 만들어 파괴되고 해체된 마을을 복원하는 일이다.

이해관계를 중심으로 돌아가는 우리 사회의 많은 문제들은 사람들 간의 유대관계와 공동체성이 되살아나면 자연스럽게 해결될 수 있는 것들이 많다. 공동체성의 파괴가 물질 중심, 이해관계 중심의 사회 구조가 초래한 결과이긴 하지만, 그렇다고 구조를 바꾸기 전에는 해결할 수 없다며 마냥 손 놓고 있을 순 없는 일이다. 또한 구조의 변화가 선결 조건도 아니다. 어쩌면 공동체성 회복의 과정 그 자체가 구조 변화를 추동하는 힘이 될 수도 있다.

교육, 다양한 이해관계의 구성원들을 묶어주는 매개

국가적 차원에서 연대와 공동체성을 제도화하는 것이 사회복지 시스템이라고 할 것이다. 복지사회에 대한 국민적 합의 구조가 점차 강화되고 있기는 하지만, 아직도 넘어야 할 산이 많다. 사람들은 자기 가족의 실업 문제나 노인부양 문제는 심각하게 생각한다. 하지만 제도화 문제로 넘어가면 개인적 능력이나 노력의 문제와 세금부담 문제로 치환하며, 이를 해결하기 위한 법·제도 마련에 저항하는 경향이 있다.

물론 교육 문제에 관해서도 서로 입장 차이가 있을 수 있다. 그러나 상대적으로 아이들을 잘 키워보자, 그것도 우리 지역의 아이들을 잘 키우기 위해 힘을 모으자는 이야기는 훨씬 많은 사람들에게 저항 없는 공감을 불러일으킬 수 있을 것이다. 게다가 우리 사회는 무엇보다 자녀교육을 특별히 중히 여기는 경향이 있다. 이 점에서 교육 문제는 다양한 이해관계를 가진 지역 성원들이 비교적 함께 협력하기 좋은 의제이자 매개가 된다. 교육이 자기 자녀만의 문제를 넘어서는 순간 공공적 성격을 띠기 시작한다. 왜냐하면 내 아이에게 좋은 것이 모든 아이에게도 좋은 것은 아니지만, 모든 아이에게 좋은 것은 결국 내 아이에게도 좋은 것이기 때문이다.

혁신교육지구는 상대적으로 공적 문제에 관심을 가지고 다양한 수준에서 활동을 하고 있는 이들에서부터 시작했지만, 점차 더 많은 지역주민들이 참여할 수 있는 방식으로 진화해갈 것이다. 또한 교육 문제에서 시작해 지역의 더 많은 문제들을 함께 풀어나갈 힘을 만들어낼 것이다. 실제로 서울의 경우 혁신교육지구 초기에는 지역 시민단체 활동가나 소수 주민들 중심으로 참여했지만, 여러 가지 사업들을 통해 한 자치구에서 수백 명의 학부모와 지역주민들이 참여하게 되면서 그 외연이 점차 확장되어가고 있다.

참여한 사람들 사이에 공통분모가 생기면서 비슷한 분야나 주체별(학부모, 지역주민, 청소년 등)로 자체 네트워크가 만들어지기도 한다. 학교 밖 지역에서 아이들 교육을 위한 협력시스템을 만드는 혁신교육지구는 결국 지역 내의 공동체성을 회복해 공적 가치가 존중되는 마을을 복원시키는 일이기도 하다.

CHAPTER 02

혁신교육지구가 풀어야 할 과제

> "
> 앞장에서는 혁신교육지구가 우리 사회를 어떻게 바꿔가고 있는지 그 긍정적
> 인 성과를 중심으로 살펴보았다. 물론 지금까지의 성과도 긍정적 평가를 받
> 아 마땅하지만, 여기에서 그저 만족하고 머문다면 진정한 의미의 마을교육
> 공동체를 구현할 수 없을 것이다. 이에 2장에서는 앞으로 혁신교육지구가
> 풀어 나가야 할 과제가 무엇인지 살펴보려고 한다. 이 장 또한 1장과 마찬가
> 지로 필자가 이윤미 등과 함께 연구한 서울시교육청의 '2015 서울형혁신교
> 육지구 사업의 현황 분석 및 발전 방안 연구' 중 집필한 부분을 수정 보완한
> 것이다.
> "

혁신교육지구 정책의
철학과 방향을 공유하라

혁신교육지구는 정책 도입의 초기에는 이론적 기초나 철학적 관점에 대한 정리보다 정책 자체를 실체화시키는 것이 시급하다는 인식에서 추진되었다.

앞서 언급한 것처럼 경기도의 경우에는 혁신학교의 확대와 일반화를 위한 지자체의 재정지원을 확대하고자 하는 목적에서 시작되었고, 서울시에서는 조희연 교육감 당선 이후, 후퇴했던 정책을 복원하려는 것 자체를 우선시하는 상황에서 다시 시작되었다. 2015년 혁신교육지구를 재개하면서 정책복원 우선 요구에 쫓겨 구로와 금천 경험에 대한 평가를 제대로 하지 못했던 점은 아쉬움이 크다. 만약 이 평가가 충분히 이루어졌다면 혁신교육지구의 철학과 비전을 다질 수 있는 계기가 되었을 것이기 때문이다.

오랫동안 우리 사회에서는 교육은 학교가 책임져야 한다는 인식이 지배해왔다. 심지어 가정에서의 교육을 책임져야 하는 부모조차 학교에 교육의 모든 책임을 떠넘기기에 이르렀다. 교육은 그 자체가 삶인 동시에 삶을 배우는 일이다. 그러나 개인의 삶과 일상은 공동체가 파괴된 속에 철저하게 개별화되어버렸다. 물질은 풍족해졌으나 삶은 비루하고 팍팍해진 것이다. 공동체 안에서 이루어지던 교육은 실종된 지 오래고, 가정에서의 교육은 그저 좋은 학교, 좋은 학원에 보내주는 물질적 지원과 돌봄으로 변질되어버렸다.

삶의 공간인 마을과 가정의 교육이 실종된 자리에 덩그맣게 앙상한 학교만이 남아버렸다.[2] 그나마 공식적 교육기관으로 남겨진 학교가 과거 사회와 공동체가 담당해온 교육적 기능까지 전담하는 유일한 기구로 규정되기 시작한 것이다. 즉 '교육=학교교육'이라는 등식이 암암리에 형성되었다.

① 교육혁신을 학교에 국한해서 인식해선 안 된다

혁신교육지구에 관계하는 많은 이들이 학교가 문을 열지 않는다

---

2. 가정과 공동체 교육의 파괴와 실종만큼이나 학교교육의 왜곡 역시 심각하게 진행되었고 양자는 동시적 현상이기도 하였다.

며 아우성이다. 물론 학교가 문을 열지 않는다고 느낄 정도로 학교의 협력이 소극적이었던 것은 엄연한 사실이고, 혁신교육지구 성공을 위해 꼭 필요하고 정당한 지적이다. 학교가 아이들의 삶의 공간인 가정과 마을에 문을 활짝 열어야 하는 것은 학교교육을 위해서도 필요하다. 더구나 학교와 마을의 협력으로 아이들의 온전한 성장을 이루게 한다는 혁신교육지구 실천을 위해서는 마을을 단지 교육자원의 동원이나 활용 대상이 아닌, **협력 파트너**로 보아야 한다는 점에서도 학교의 문은 열려야 한다.

그러나 학교가 소극적인 데에는 그럴 만한 여러 가지 원인들이 있다. 우선 정책 초기에 학교의 요구를 충분히 반영하지 못했기 때문에 정책에 대한 학교의 이해나 주체적으로 준비할 과정이 부족했다는 점이 그 첫 번째 원인이라고 하겠다. 그러나 그것 외에도 또 다른 측면의 원인을 고려할 필요가 있다.

혁신교육지구를 위한 실천이 대체 왜 마을사람들이 학교로 들어가야 한다는 것으로 주로 집중되어 나타났을까? 왜 학교 밖 마을을 교육적으로 재편해야 하고 그것을 위해 어떠한 것들이 필요한가라는 고민보다 학교로 들어가야 한다는 생각들만 우선하게 되었을까? "한 아이를 기르기 위해서는 온 마을이 필요하다"는 말은 온 마을사람들이 학교로 들어가야 한다는 것을 의미하는 것은 아니지 않나. 오히려 그것은 학교만이 아니라 **학교 밖 마을도 교육적 공간이 되어야 함**을 말하는 것이다.[3] 그럼에도 불구하고 학교 밖 사람들도 아이들을 위해 협력하자는 말이 다수의 사람들에게 학교 밖 마을이 아닌 학교로만 관심을 집중하게 만들었다. 혁신교육지구의 비전과 철학이 명료하지 않았기 때문에 '교육'을 혁신하기 위한 학교 밖 사람들의 일이 곧 '학교' 안으로 들어가서 학교를 혁신하는 일로만 인식하게 만들었기 때문은 아닐까?

공교육 폐해의 심각성은 지대하고, 많은 이들이 그 해결을 절박한 과제로 인식하고 있다. 이로 인해 혁신교육지구에 참여하는 학교 밖 주체들(지자체, 마을주민 등)은 우선적으로 학교교육혁신이 필요하다고 생각했고, 그래서 자연스럽게 학교 안으로 들어가 일정한 역할을 함으로써 그에 기여해야 한다는 생각을 했을 수도 있다.

그러나 다른 한편에서는 초기 혁신교육지구에 관여하는 이들이 생각하는 교육이란 게 기존 관성에서 벗어나지 못한 채 여전히 학교교육의 틀 안에만 갇혀 있었기 때문은 아닐까? 공간적으로는 학교와 연결되고 내용적으로는 특정한 지식이나 기능을 '가르치는 일'이 교육이라는, 교육에 대한 기존의 협소한 인식 틀에서 아직 벗어나지 못한 결과가 아닐까? 즉 교육을 혁신하는 일이 곧 학교교육을 혁신하는 일로 등치되었던 것이고, 그 기저에는 '교육=학교교육'이라는 관념이 강력하게 지배하고 있는 결과일 수 있다.

---

3. 물론 학교 밖 아이들을 위해 다양한 형태로 교육적 실천을 하는 이들이 있고, 그들의 노력과 실천을 부정하는 것은 아니다. 그러나 우리 사회는 아직까지 그러한 일들도 학교교육을 보조하는 정도의 의미만을 부여하고 있다는 점에서 교육에 대한 편협한 개념의 한계에 갇혀 있다고 할 수 있다.

② 공교육혁신과 마을의 교육적 재구성을 동시에 추구해야

오늘날에는 교사의 역할조차 가르치는 일보다는 배움을 촉진하고 도와주는 **조력자** 역할, 특정 지식이나 능력 전수자보다 **수업설계자** 역할의 중요성이 더욱 강조되고 있다. 또한 삶과 결합된 교육의 필요성이 제기되고 있다. 이는 학교교육의 내용과 방법에서의 혁신뿐만 아니라 학교가 아이들 삶의 과정임을 인식할 필요성에 대한 강조이기도 하다. 학교 밖으로까지 교육의 개념을 넓힌 혁신교육지구는 삶과 결합된 교육을 학교 밖 아이들의 삶으로까지 확장하는 일이다. 즉 사적 영역에 방치되어 있던 학교 밖 아이들의 삶도 교육적으로 돌봄을 받는 삶이어야 한다는 뜻이다.

우리들이 혁신교육지구를 통해 복원해야 할 것은 아이들의 삶 전체를 교육적으로 돌보는 일이어야 한다. 학교교육은 교육적 돌봄에서 중요하고 핵심적인 부분이긴 하지만, 그것은 아이들이 누려야 할 교육적 돌봄의 단지 일부분일 뿐이다. 혁신교육지구는 **공교육혁신**과 **마을의 교육적 재구성**을 동시에 추구하는 일이다. 학교교육혁신을 위해서 마을의 지원이 필요하지만, 그 책임 주체는 학교구성원들이다. 마을의 교육적 재구성을 위해서는 학교의 지원이 필요하지만 그 책임 주체는 마을이다.

③ 교육패러다임 확장의 진정한 의미

혁신교육지구 정책은 우리 사회에서 교육이 협의의 학습만으로,

그것도 입시성공을 위한 지식 습득으로 왜곡되어 있던 것에 문제의식을 가지고 출발한 정책이다. 그럼에도 불구하고 그 정책을 통해 구현해야 할 혁신교육에 대해 어떤 목표와 인식을 가져야 하는지 충분히 **공유**되는 과정을 거치지 못하고 있는 게 아직까지 우리의 현실이다.

교육패러다임의 확장이라고 말은 하지만, 안타깝게도 아직 그것은 문서상의 표현에 머물러 있다. '확장'이라고 쓰고, '교육=학교교육'이라고 협소하게 읽는다. 혁신교육지구의 실천은 이 협소함의 극복을 자극하고 촉진할 것이다. 그러나 마냥 실천 과정 속에서 해결되기만을 기다릴 순 없다. 적어도 혁신교육지구에 관여하는 주체라면 교육패러다임 확장의 의미를 한층 더 명료하게 인식할 필요가 있고, 그 내용을 실체적으로 파악해야 한다.

학교 혁신은 분명 중요하다. 하지만 더 이상 우리의 관심을 단지 학교에 국한해 좁히지 말아야 한다. 그리고 이제 마을은 마을의 교육적 역할을 분명하게 인식해야 한다. 또 그럴 때에만 역으로 학교 혁신도 제대로 이루어질 수 있을 것이다.

충분한 논의를 통한 정책의 큰 그림이 필요하다

지역별 편차가 있기는 하지만, 혁신교육지구가 앞서서 실시되었던 경기나 서울의 경우 혁신교육지구정책의 목표와 전망, 사업 원칙과 방향 등에 대해서는 막연한 공감만 이루어진 상태에서 각자 생각하는 바들이 종합되고 확인되는 과정을 충분히 거치지 못했다. 당연히 양 지역 간 소통이나 협력 과정도 제대로 이루어지지 못했다. 서울의 구로, 금천의 경험은 비록 교육청의 협조 없는 반쪽짜리 사업이었지만, 혁신교육지구 정책의 실험이자 현장 적용이었다는 점에서 실천적 자산이었다. 혁신교육지구 사업이 갖는 교육운동이나 사회운동상의 큰 의미에 비추어볼 때나, 정책을 다시 시작해야 한다는 서울시 교육의 특수한 상황을 감안할 때나 구로, 금천 혁신교육지구 사업에 대한 평가가 갖는 중요성은 대단히 큰 것이었다. 그러나 이에 대한 충분한 평가가 생략됨으로써 2015년 혁신교육지구 정책은 출발선에서 그 기초를 충분히 다지지 못한 채 실무 단계로 곧바로 진입하게 되었다. 그 결과 매월 실무추진협의회가 열려 담당자들 협의가 이루어지기는 했지만 현황 공유와 개별 사례 공유 이상으로 나아가지 못했다.

이렇듯 사업의 공통된 목표와 방향이 명확히 제시되지 못한 한계로 인해 각 지역에서 사업추진 과정에서 혼란을 겪게 하거나 시간이나 에너지 낭비를 초래하는 원인이 되었다. 혁신교육지구는 먼저 정책의 전체적인 상에 대해 큰 그림을 그리고, 그 위에서 정책 집행이 이루어져야 한다. 그런데 그렇지 못함으로써 각 지역 사업들 간 유기적 연관성이 모호해지고 개별 사업들의 평면적인 나열 수준에 머물고 만 것이다.

　정책을 추진하는 행정의 속성상 쉽지 않은 일이긴 하나 첫해에는 예산을 대폭 줄이고 정책의 취지와 방향에 대한 다양하고 심도 깊은 논의 자리를 충분히 만드는 것에서부터 시작했더라면 하는 아쉬움도 든다. 이러한 논의 과정은 지역 내 교육거버넌스의 기초를 다지는 동시적인 과정이 되어주었을 것이다. 이 점에서 경기도 시흥시의 경험은 주요한 시사점을 던져준다. 실제 사업 전 단계에 반드시 참여 주체들이 일정 기간 함께 학습하고 토론하면서, 혁신교육지구의 **철학과 비전을 공유**하는 과정을 거치는 일을 실천하고 있기 때문이다.

목표와 비전의 공유를 위한 논의의 장을 마련해야

다행히 경기나 서울보다 뒤늦게 출발한 지역들의 경우에는 두 지역의 경험을 통한 학습효과 덕분에 상대적으로 시행착오를 줄이면서 정책을 추진해 나가고 있다. 그러나 선도적으로 앞장섰던 서울과 경기조차 아직도 혁신교육지구 정책의 취지와 목적, 철학과 비전 등에 대한 정리가 명료하지 못한 상태다. 물론 그간의 실천 과정을 통해 점차 공통분모들이 만들어지고 비전에 대한 공유와 접근들이 이루어지고 있기는 하다. 그럼에도 불구하고 혁신교육지구가 갖는 이러한 출발선의 한계로 인해 정책에 참여하고 있는 이들은 각자의 위치나 경험에 따라 서로 다른 '혁신교육지구 비전'과 '마을교육공동체 상'을 가지고 있는 상태라고 할 수 있다.

지금이라도 혁신교육지구 정책의 철학과 목표, 비전을 공유하고 사업추진상의 주요 원칙들을 좀 더 명확히 하기 위한 논의의 장이 마련될 필요가 있다. 지역별 적극적인 교류와 연대 과정을 통해 전국적인 공유가 이뤄진다면 더 좋겠지만, 최소한 혁신교육지구가 실시되고 있는 각 시도단위 차원에서라도 이를 위한 작업이 본격적으로 추진되어야 할 것이다.

학교와 교사들의
적극적인 참여를 유도하라

혁신교육지구의 주요 목표 중 하나는 바로 공교육혁신이다. 이러한 목표를 제대로 달성하기 위해서는 공교육의 직접 당사자인 학교와 교사들의 참여가 절대적으로 필요하다. 심지어 학교 밖 교육 시스템 구축과 관련해서도 교육 전문가인 교사들의 결합이 요구된다. 이런 점에서 볼 때 혁신교육지구의 성공을 위해서는 민-관 거버넌스가 아니라 **민-관-학 거버넌스**가 잘 작동되어야 한다.

정책에 대한 낮은 이해와 하향식 정책추진의 한계

일부 지역을 제외하고 혁신교육지구 사업에 학교와 교사들의 참여와 결합이 대단히 미흡한 상태다. 이는 교사들의 혁신교육지구 정책에 대한 이해가 부족한 것도 한 원인이라 할 수 있다. 그러나 교사들의 결합도가 지나치게 낮은 것은 현재 진행되고 있는 혁신교육지구 정책이 교육청의 하향식 정책추진 방식에 의해 진행되었다는 데 큰 이유가 있다.

학교구성원들과 정책의 취지에 대한 사전 논의와 공유 과정이 이루어졌다면 혁신교육지구 정책에 학교와 교사들의 요구가 반영될 수 있고, 그 결과 그들의 참여가 더욱 적극적으로 이루어질 수 있었을 것이다. 교육청이 정책을 입안하고 혁신교육지구 초기부터 각 지역교육청까지 결합하기는 했지만, 아직까지 우리의 현실에서 교육청이 학교현장과 교사를 비롯한 학교구성원의 요구를 대변하고 있다고 볼 순 없다.

학교는 사업이 관철되는 대상이 아닌 주체가 되어야

지금까지 진행된 혁신교육지구 사업은 초기에는 실무적인 필요에 의해 관 중심으로 진행되었고, 좀 더 진전된 형태로 지역 활동가들의 결합이 높아지고 있는 상태다. 이러한 과정은 필연적으로 민과 관(지자체, 교육지원청) 중심의 사업 편향을 초래하는 원인이 될 수 있다. 혁신교육지구가 추진되는 과정에서 마을로부터 "학교가 문을 열지 않는다"는 불만이 쏟아져 나온 것을 보더라도 이를 잘 알 수 있다.

아직까지 혁신교육지구 정책에서 학교는 사업이 관철되어야 하는 '대상'이지 **주체**로 인식되고 있지 않다. 하지만 이러한 문제가 근본적으로 해결되지 않으면 혁신교육지구 사업은 학교와의 연계가 제대로 이루어지지 않은 채 공간적 의미에서만 학교 밖 마을교육시스템을 구축하는 것으로 국한되거나, 극단적으로는 학교교육 정상화를 돕는 게 아니라 오히려 학교에 새로운 부담만 지우는 사업이 될 수도 있다. 마을교육생태계를 조성한다고 하면서 학교의 혁신은 지지부진한 채 학교 밖 교육시스템이 아무리 풍요로워진들 아이들이 행복해질 리 만무하고, 이는 혁신교육지구의 취지와 목적에도 부합하지 않는 것이다.

학교와 교사의 협력은 혁신을 추동하는 동력

혁신교육지구에 지역 활동가들이 적극 결합하는 것과 비교하면 학교와 교사 결합이 취약한 현상은 두드러진다. 지역 활동가나 참여하는 주민들의 자발성은 상대적으로 높은 반면에, 교사들은 기존의 일에 부가되는 또 다른 업무로 인식하며 힘들어하는 경우가 많다. 이는 지역 활동가들에게는 내적 요구가 일정하게 성숙되어 있었고 혁신교육지구가 그에 부응한 면이 있는 반면에, 학교의 요구는 아직 그에 미치지 못한 상태인 것이 한 원인일 것이다.

혁신학교의 경우 학교 혁신의 과정에서 학교의 울타리를 넘어선 협력교육에 대한 고민들에 직면하게 되었고, 자연스럽게 지역과의 협력을 위한 다양한 시도들이 이루어지고 있다. 일반 학교들의 경우에는 학교 자체적으로 학교 혁신이 일정한 수준까지 진전되지 못함으로써 혁신교육지구를 자기 문제화하지 못하고 있다고도 보인다. 그런데 혁신학교는 물론 일반 학교 중에서도 혁신교육지구를 통해 지역과의 협력교육을 실천하는 과정에서 교육적 긍정성을 발견하고 더욱 적극적인 결합에 나서는 학교들이 조금씩 늘어나고 있다. 그리고 이러한 변화는 혁신교육지구 정책을 발전시키는 힘이 될 뿐만 아니라 학교 자체의 혁신을 추동하는 동력이 되고 있다.

개별 학교들의 학교 혁신이 지체되더라도 교육청과 학교 간 관계에서라도 일정한 민주적 소통이 이루어진다면 이러한 문제가 어느 정도는 해결될 수 있겠지만, 현실에서 그걸 기대하는 건 쉽지 않다. 따라서 이러한 문제를 해결하려면 지금까지 진행된 혁신교육지구 사업 방식에 대한 점검이 필요하며, 교육청에서 문제의 심각성을 인식하고 실질적인 해결책을 강구해야 한다. 또한 전교조 등 교사 중심의 교육운동 단체나 조직에서도 혁신교육지구 사업에 적극 결합하기 위한 방안을 모색해야 한다. 왜냐하면 혁신교육지구는 이미 그 자체로 학교 혁신의 한 과정이며, 교육혁신운동의 지형을 바꿀 수 있는 정책이기 때문이다.

거버넌스 내의
수평적 관계를 형성하라

혁신교육지구 정책 수행을 위한 민-관-학 거버넌스는 우리 교육 운동의 역사에서는 물론 다른 진보적 운동 분야에서도 초유의 경험이다. 이는 혁신교육지구 사업의 성공이 그만큼 의미 있는 일인 동시에 또 그만큼 어려운 일이라는 뜻이기도 하다. 서로 다른 성격과 특징을 갖는 여러 주체들이 상호 소통과 협력을 한다는 건 결코 쉬운 일이 아니기 때문이다.

사업추진의 기본원칙은 민-관-학 거버넌스

혁신교육지구 정책은 교육청, 지자체가 예산 주체다. 일반적으로 예산 주체가 사업의 진행 과정에서 주도권을 행사하게 된다. 또한 행정력에서 상대적으로 유능한 관(官)이 정보 권력의 비대칭성 문제를 야기하는 원인이 되기도 한다. 관에 비해 상대적으로 체계적으로 조직되어 있지 못한 지역 활동가나 지역주민들(=민)은 혁신교육지구 사업의 추진 과정에서 소외감을 느끼고 소통과 참여에 어려움을 겪는 경우가 많다.

　서울에서는 최근 각 지역의 민간 활동가들이 자체적인 소통 구조를 만들기 위해 별도의 모임을 갖기 시작했다. 이러한 시도가 하나의 적극적인 해결 방안이 될 수도 있다. 그러나 좀 더 근본적으로 이러한 문제를 해결해 나가려면 관(교육청과 구청)이 지역 활동가와 교사들을 동등한 협력자, 즉 **파트너로 인식**하고 민-관-학 거버넌스를 사업추진의 기본원칙으로 삼는 것이 중요하다.

학교와 교육청과 지자체 간의 해결 과제

같은 공공기관으로서 관에 속하는 교육(지원)청과 지자체 간의 관계에도 해결해야 할 과제가 있다. 교육은 교육청 고유사업이라는 의식이 오랫동안 자리 잡아 왔다. 물론 공간적으로 학교 밖에서 이루어지는 것이라 할지라도 그것이 교육인 한, 교육 전문가인 교사와 교육 전문기관인 학교나 교육청의 도움이 필요하다. 그러나 교육이 교육청 고유사업이라는 이유로 학교 울타리를 넘어선 차원의 교육지원체계를 만들기 위한 혁신교육지구 사업에서 주관적 우월감이나 심리적 배타성을 가져서는 안 된다.

교육의 개념과 영역, 주체가 확장되는 것을 고유한 자기 영역이 침해받는 것으로 인식하는 것은 시대 변화에 적응하지 못한 경직되고 협소한 관점이다. 어떤 의미에서는 혁신교육지구와 같이 더욱 포괄적이고 전면적인 교육사업에서 내용적으로 전문성을 발휘하는 것이야말로 교육청과 학교, 교사의 고유한 역할일 수 있다.

지자체나 지역민들이 교육에 더욱 적극적으로 결합한다고 해서 그 자체로 교육청이나 학교가 가진 교육에 대한 전문성이 훼손되는 것은 아니다. 오히려 이러한 사업추진 과정에 가장 적극적으로 결합해서 학교와 교육청의 상황을 충분히 공유하고 공교육 정상화와 (학교 밖) 교육적 돌봄이라는 관점에서 이러한 사업들이 배치되고 운영될 수 있도록 내용 차원에서 중심적 역할을 할 때에만 교육기관으로서 학교와 교육청의 고유한 전문성의 입지가 확고해질 수 있다. 물론 이러한 인식의 변화, 사업 방식의 변화를 수용하고 적응하는 게 쉽지는 않은 일이다. 그러나 공교육 정상화를 위해서도, 질 높은 공교육체계를 공고히 하기 위해서라도 혁신교육지구가 추구하는 **교육 공공성**을 전면화하여 교육을 학교 밖으로까지 확장하기 위해 적극 나서야 한다. 이 점에서 그간 진행되어 온 혁신교육지구 과정에서 "교육청과 일하기가 가장 어렵다", "교육청이 가장 경직되어 있다"고 하는 이야기들에 대한 자기 성찰은 꼭 필요하다.

지역 '민'의 참여를
저해하는 요인을 경계하라

지역 '민(民)'은 그간 각자 개별적인 목적과 동력에 의해 자생적으로 움직여온 주체들이다. 관(官)과의 관계에서는 말할 것도 없고, 지역 '민' 자체적인 수평적 네트워크에서도 충분한 소통과 협력의 경험을 쌓아오지 못했다.

게다가 활동단위의 규모 면에서도 실로 다양한 스펙트럼을 갖고 있다. 혁신교육지구에 결합하게 된 과정이나 계기를 살펴봐도 역시 그 편차가 큰 편이다. 조직적 경계가 확실한 틀 속에서 작동되는 '관'과 달리 지역주민이라는 것의 실체는 본질상 부정형의 조직이다. 조직의 형태상으로도 개인, 소모임, 시민단체 등 다양성을 갖는다.

혁신교육지구의 주체로서 더 많은
'민'의 참여를 독려해야

민의 참여가 늘어날수록 민 안에서 정보 불균형으로 인한 또 다른 차별과 소외의 문제가 발생하기도 하며, 이는 민들 사이에서 갈등의 원인이 되기도 한다. 특히 행정기관인 '관'의 행정 편의주의적 관행이 아직까지 충분히 극복되지 못한 상태이며, 질 관리 차원에서 공식적인 검증절차를 고려해야 하는 특성상 행정체계 안에 포괄되어 있는 기존 활동가를 중심으로 사업을 추진하려는 편향이 나타날 수도 있다. 그러나 이 또한 지역 '민'의 참여를 제한하고 확장을 저해하는 요인이 된다.

민-관-학 거버넌스 방식으로 추진되는 과정에서 여기에 참여하는 '민'의 문제와 관련하여 어디까지를 혁신교육지구의 주체인 지역 '민'으로 볼 것인가 하는 문제에 대해서도 많은 시행착오를 겪지 않을 수 없다. 혁신교육지구는 민주주의 원리에 입각해 추진되는 정책이다. 따라서 지역 아이들 모두의 성장을 도모해야 하는 것처럼 정책에 참여하는 이들 모두의 참여와 성장이라는 원칙이 관철되어야 한다.

특히 조직되어 있지 않은 지역 '민'의 경우에는 가급적 더 많은 사람들이 주체로 참여하도록 하는 것이 정책 취지에도 부합한다. 업무상 편의를 위해 '민'을 '관'처럼 경직된 조직 틀 안에 가두려고 한다거나, 단지 초기부터 참여했다는 이유만으로 '민'의 대표성을 부여하는 것은 결코 바람직하지 않다. 정책의 추진 과정에서 초기에는 시민단체 활동가 중심성이 강했으나, 자발적으로 참여하는 일반 주민들이 점차 늘어나고 있다는 점은 참으로 고무적인 일이다.

민주적 협의를 거친 다양한 '민'의 참여시스템 고민

지역 '민'의 경계 문제와 주체 형성과 관련해 경험이나 연배, 지역 시민단체 내 지위를 떠나 참여하는 지역주민들 사이에서 민주적 협의절차를 거쳐 대표단위 거버넌스에 참여하는 '민'이 결정되도록 하는 방안이 적극 검토되어야 한다. '민'의 경우 집단 자체가 갖는 개방성과 유연성을 고유한 특성으로 인정하고, 행정 편의적 관행에서 벗어나 가급적 다양한 '민'들이 가급적 '많이' 참여할 수 있도록 하는 방안이 강구되어야 한다.

또한 지역 내 다양한 교육자원을 조직하고 체계화하여 '민'을 확장하고 역량을 키우기 위해서는 자생적 활동단위를 적극 발굴하고 '민'을 사업 주체로 참여시킬 수 있는 시스템에 대한 고민이 필요하다.

마을교사의 역할에 대한 더 많은 상상력이 필요하다

지역 '민'의 주체 형성과 관련해 특별히 고민이 필요한 것이 소위 '마을교사'[4]의 성격과 역할에 관한 문제다. 주로 방과후 강사나 협력교사로 학교에 들어가는 방식으로 활동하는 마을교사는 학교와 지역 간 협력의 가장 전형적인 사례이자 활동으로 받아들여지고, 마을의 혁신교육 주체역량을 키우는 데 효과적인 방안으로 인식되고 추진되었다.

"마을이 학교다"라는 말만큼 "한 아이를 키우기 위해서는 온 마을이 필요하다"는 말도 혁신교육지구와 마을교육공동체를 얘기할 때 자주 인용되곤 한다. 이 말은 교사뿐만 아니라 마을의 다른 어른들도 아이들의 성장과 삶에 대한 책임감을 가져야 한다는 것을 의미한다.

그런데 종종 이 말이 마을 어른이 교사가 되어야 한다는 것으로, 혹은 교사처럼 '가르치는 사람'이 되어야 한다는 것으로 협소하게 이해되는 경향이 있다. 마을교사들이 반드시 또 다른 '가르치는 일'을 예비하는 사람으로 협소하게 이해되는 것은 혁신교육의 관점에서도 결코 바람직하지 않다. 우리 아이들에게 필요한 것은 지금보다 더 많은 것을 배우게 하는 데 있지 않기 때문이다.

---

4. 지역에 따라 마을강사, 마을활동가 등 다양한 명칭으로 불린다.

오히려 지나친 학습과잉 때문에 문제가 되고 있는 것이 오늘날의 현실이다.

혁신교육지구에서 마을과 마을교사의 역할은 학교로 '들어가' 학교교육의 혁신을 돕는 것도 있지만, 좀 더 중요한 일은 학교 밖 **마을을 교육적으로 재편**하는 일이다. 그래서 온 마을을 교육적인 공간으로 만들어가야 한다. 혁신교육지구가 기존의 협소한 교육패러다임을 극복하는 것임에도 불구하고 과정 속에서는 여전히 기존 관념의 지배를 받는 한계가 나타날 수 있다. 즉 혁신교육지구에 관여하는 이들이 '교육=학교교육'의 틀 안에 갇혀 있고, 내용적으로는 특정한 지식이나 기능을 '가르치는 일'이 교육이라는, 교육에 대한 기존의 협소한 인식이 강하게 작동되고 있지 않은가 되돌아볼 일이다.

그리고 마을 어른들이 교육적으로 기여할 수 있는 일들에 대해 좀 더 많은 상상력을 발휘하고, 어른들이 아니라 아이들의 입장에서 필요한 것들을 찾아내려는 노력이 필요하다. 이런 관점에서 볼 때, 서울형혁신교육지구가 2017~2018 정책 필수 과제로 '마을교사 양성'이 아닌 '마을 방과후 활동체제 구축'을 제시하고 있는 것은 지역 '민'의 주체 역량을 키우는 일과 그들의 구체적인 활동방식에 관해 의미 있는 시사점을 던져준다.

05

지속성과 자생력 확보를 위한
대책을 마련하라

혁신교육지구는 관계되는 사람들의 다양성이나 규모 면에서 볼 때 그리고 그 영향력과 파장이라는 점에서 볼 때 학교교육과 지역 사회에서 갖는 의미가 지대한 정책이다.

정책의 지속성을 확보하기 위한 노력

혁신교육지구가 지향하는 목표를 달성하기 위해서는 2~3년의 단 기간 실천이 아니라, 길게는 10~20년의 긴 호흡으로 가야 한다. 따라서 혁신교육지구 정책을 구체적인 사업수행보다 마을교육공 동체 기반 구축이라는 관점에서 좀 더 중장기적으로 접근할 필요 가 있다. 그렇기 때문에 혁신교육지구는 정책의 지속성을 어떻게 확보할 것인가 하는 문제를 간과할 수 없다.

정책의 지속성이 확보되기 위해서는 다음 몇 가지가 중요하다. 첫째, 사업이 단기적인 프로그램 중심으로 진행되는 것이 아니라 안정적인 시스템 구축을 중심으로 이루어져야 한다. 둘째, 민주적이고 개방적인 의사소통 및 의사결정 구조가 형성되어야 한다. 그래야 혁신교육지구가 지역 전체를 포괄하면서 다양한 교육 역량들이 혁신교육지구에 결합하는 재생산 구조를 가질 수 있다. 셋째, 혁신교육지구 예산은 다양한 변수에 의해 변화될 수 있는 유동성을 갖는다. 따라서 주어진 예산에 의존하는 사업 방식으로는 혁신교육지구의 지속성을 담보해주기 어렵다. 이 점에서 협동조합과 같이 일정하게 자기 완결적 재정 및 사업 구조를 갖는 방안을 적극 강구해야 한다. 넷째, 혁신교육지구 정책은 자치단체와 교육청의 협력을 필수로 한다. 이들 기관은 선출직 수장에 의해 정책 방향이 좌우되는 한계를 갖는 게 현실이다. 따라서 이러한 상황 변화에도 불구하고 사업의 지속성을 확보하려면 법제도상의 장치가 있어야 한다. 법과 조례가 필요한 이유다.

중앙정부 차원의 지지와 지원 방안 강구

문재인정부는 교육개혁에 적극적인 의지를 가지고 있다. 그뿐만 아니라 지난 수년간 추진되었던 혁신교육 철학의 상당 부분을 공유하고 있기도 하다. 단적으로 전국 최초로 혁신학교와 혁신교육지구 정책을 추진했던 김상곤 전 경기도교육청교육감이 교육부 수장을 맡고 있지 않은가. 이러한 여건에서 혁신교육지구 정책이 중앙정부 차원에서 지지받고 지원될 수 있는 방안을 찾아내는 것도 혁신교육지구 정책의 지속성 확보를 위해 꼭 필요하다. 이는 행정과 예산 면에서의 안정성은 물론 전국 지자체들을 더욱 적극적으로 참여하게 만드는 계기가 될 것이다.

06

거버넌스형
지원 전담기구를 마련하라

지역 차원에서 보면 혁신교육지구 정책이 실시되는 많은 지역에서 이를 전담할 조직적 대안들이 강구되고는 있다. 하지만 아직도 여전히 업무담당 인력의 과소로 인해 사업 전체를 점검할 수 있는 물리적 여건이 마련되지 않았다는 점은 교육(지원)청이나 지자체나 마찬가지다.

게다가 유사한 협력교육 사업이 각기 다른 별도의 부서나 팀에 의해 추진되고 있고 상호 소통이나 협조가 필요한 경우도 발생하는데, 조직 내 칸막이 관행 때문에 어려움을 겪는 경우도 종종 발생하고 있다. 예를 들면 교육청의 문예체 담당 부서에서 추진하는 문화예술교육 지원사업과 유사한 내용의 사업이 혁신교육지구 담당 부서와 상호 협의 과정이 생략된 채 각각 시행되거나 지자체 교육지원과와 청소년 담당 부서가 상호 소통 없이 유사한 사업을 각각 진행하는 식이다. 이와 같은 문제는 단지 업무효율성 문제를 넘어서 예산의 중복이나 일관성 있는 집행 방해 등의 문제로도 연결된다.

충분한 인력과 조직체계의 확립이 필요하다

이미 학교나 마을에 유사한 사업들이 여러 주관부서나 기관에서 쏟아져 내려오면서 생기는 혼란이나 업무부담, 효과성 문제 등이 제기되기 시작하고 있다.

혁신교육지구는 거버넌스 원리에 의해 추진되는 사업임에도 불구하고 거버넌스 경험과 역사가 짧기 때문에 발생하는 어려움들이 적지 않다. 이는 얼마든지 피해갈 수도 있는 예산과 에너지 낭비를 초래하기도 한다. 앞서 언급한 것처럼 교육(지원)청과 지자체끼리도 협업 경험의 부족으로 인해 소통과 협력 수준이 높다고는 할 수 없다. 민과 민 사이, 민과 학 사이에도 상황은 매한가지다.

더욱이 각 사업지구마다 다양한 특징을 갖는 사업들이, 다양한 사람들에 의해 추진되고 있다. 혁신교육지구 정책은 각 지구의 자율성을 최대한 존중하되 혁신교육지구 정책이 추구하는 기본 취지와 목적이라는 공통분모에 의해 일정하게 단일 정책으로서의 통일성 또한 가진다. 사업규모 면에서나 협력 경험을 축적하는 과정에서의 미숙함이나 통일된 정책 목표에 기초한 자율성 존중의 원리라는 면에서 볼 때, 후발 지역은 말할 것도 없고 앞서 시작한 경기나 서울의 경우에도 정책을 담당할 만큼의 충분한 인력과 조직체계는 아직까지도 제대로 확보되지 못한 상태다. 지자체와 교육청에서 단 몇 명의 담당자들에 의해 이 사업 전체가 끌어져 나가는 현재의 구조가 과연 합리적이고 감당 가능한 일인지에 대한 근본적인 검토가 필요하다.

수평적 교류와 협력을 전담할 기구를 마련해야

각 지역의 여건과 특성에 맞게 민-관-학 거버넌스 조직이 운영되고 있다. 서울의 경우 ○○혁신교육지구센터가 만들어져 지역의 관련 업무를 총괄하며 지원하고 있기도 하다.

경험과 역사가 짧을수록 정보의 공유와 수평적 교류는 더욱더 절실히 요구된다. 각 지구 사업을 객관화하는 기회가 되며, 다른 지구 사례와 경험을 통한 학습이 가능해지기 때문이다. 이처럼 혁신교육지구 간 수평적 교류와 협력을 도모할 전담기구가 만들어지면 좋을 것이다. 그리고 이는 출발부터 각 지역단위의 지도 조직이 아니라 지원 조직의 성격을 가진 플랫폼으로 기능하는 기구여야 할 것이다.

지자체, 교육청, 교사, 지역 활동가를 묶는 시스템 고려

혁신교육지구의 기본추진 방식인 거버넌스 원리에 따라 지자체, 교육청은 물론 교사와 지역 활동가들이 단일한 조직기구 안에서 함께 일하는 시스템을 고려해봄직하다. 이는 필요에 따른 단순 협의나 일회성 혹은 단기 협력의 수준을 넘어서 각 주체들 간의 화학적 결합을 가능케 하는 여건을 제공해줄 것이다.

물론 서로 이질적인 경험과 성격을 가진 주체들이 하나의 기구를 공동으로 운영하는 사례가 워낙 드물기 때문에 많은 어려움이 발생할 수 있다. 그 형태는 지역에 따라 달라질 수 있지만, 각 주체 간 이질성으로 인해 발생하는 문제에 대해서는 일종의 구심점으로서 균형을 유지하면서도 그 이질성을 생산적 다양성으로 만들어내는 역할을 목적의식적으로 담당할 거버넌스형 지원 전담기구에 대한 고민이 필요하다.

07

교육지원 예산의
성격 및 집행 방식을 바꿔라

지자체에서 혁신교육지구와 별개로 진행되는 교육지원 사업과 교육경비보조금의 성격 및 집행 방식에 대한 근본적인 재검토와 변화를 모색해야 한다.

지자체 교육지원 사업은 전면 통합되어 재구조화되어야

혁신교육지구 정책의 취지와 목적이라는 관점에서 볼 때, 지자체 교육지원 사업은 별개의 사업으로 추진되는 것이 아니라 해당 지역의 아동·청소년 복지사업이라는 관점에서 혁신교육지구 정책에 전면 통합되어 재구조화되어야 한다. 그간의 방식처럼 학교에 직접 예산지원을 하는 것도 교육적 기여를 하는 것이지만, 학교 안의 교육 외적 업무를 덜어냄과 동시에 학교 밖에서 교육적 돌봄을 위한 체계를 만들고 운영하는 것이 지금까지와는 다른 방식으로 학교교육을 지원하는 길이자 지역주민의 복지를 책임지는 지자체의 성격과 역할에 더 부합한다.

학교는 지자체와 지역에 학교의 요구를 정확히 전달해야

학교 역시 지자체 예산에 의존했던 과거의 방식에서 과감하게 탈피해야 한다. 즉 지자체와 지역에 학교의 요구를 정확하게 전달하고 소통함으로써 예산지원만 요구할 게 아니라, 학교는 할 수 없지만 지역의 지원으로 해결할 수 있는 일들에 대한 실질적인 도움을 받을 수 있도록 하는 변화가 필요하다.

예를 들어 지역에 아동·청소년 심리치료 전담시스템을 갖출 것을 요구한다든가, 지역 차원의 청소년 전문 활동시설이나 기구 확대를 요청한다든가 무엇보다 방과후 아이들을 돌볼 수 있는 복지체계 운영을 적극 요청하는 것이 필요하다. 학교에 지원되던 예산이 그런 곳에 적절히 쓰일 때, 오히려 직접 예산을 받는 것 이상으로 학교교육이 개선될 수 있다는 학교구성원의 인식 전환 또한 필요하다.

08

유사 관련 정책이나
사업과의 통합이 필요하다

현재 각 교육(지원)청, 지자체, 교육부나 여타 중앙부서에서 아동·청소년을 대상으로 하는 유사 사업이나 정책들이 다양하게 추진되고 있다. 그런데 이들 사업들 중 상당수가 혁신교육지구 사업과 중복되거나 그 성격과 목적이 상당히 유사한 측면이 있다. 그럼에도 불구하고 실제에서는 별도의 사업 주체나 담당자들이 배치되어 별도의 사업들로 추진되고 있다.

낭비를 부르는 소모적 중복을 막아라

이로 인해 각각의 사업이나 정책이 가지는 긍정적 의의에도 불구하고 예산이나 인력 등 에너지 면에서 소모적 중복이 나타나고 있다. 또한 학교의 입장에서는 비슷한 성격의 사업들이 각기 다른 주체들에 의해 협력 제안을 해오는 상황을 겪는 과정에서 여러 혼란과 업무부담이 가중될 수밖에 없다. 따라서 각 부분의 독자성은 최대한 살리되 통합적으로 운영할 수 있는 부분은 최대한 통합 조정함으로써 효과를 극대화시키기 위한 의식적 노력이 필요하다.

더욱 폭넓고 깊이 있는 연구의 필요성

최근 많은 연구자들이나 전문가에 의한 연구가 활발히 이루어지고 있지만, 혁신교육지구 정책이 갖는 교육적·사회적 중요성에 비추어 볼 때 아직까지 충분한 수준은 아니다. 특히 다양한 특성을 가진 여러 주체들이 함께하는 정책에서 그 이론적 기초를 다지는 것은 현장에서 실천하는 혁신지구 관계자들에게 커다란 도움이 될 수 있다. 따라서 전문 연구자들이 좀 더 폭넓고 깊이 있는 연구를 진행해야 하는 것 또한 앞으로 풀어야 할 과제 중 하나라고 할 것이다.

CHAPTER 03

혁신교육지구의
성공을 위한 정책 제안

"

혁신교육지구는 지역 내 교육적 돌봄체계를 만드는 일이다. 학교에게는 학교교육혁신 임무가, 마을에게는 마을방과후체계 구축 임무가 요구된다. 학교교육혁신과 관련해서는 대안교육운동, 전교조 참교육운동, 교사들의 교육혁신 노력, 당국의 교육개혁 정책 등 오랫동안 축적된 교육혁신 실천 경험과 10년 가까이 진행된 최근의 혁신학교 경험을 둘러싸고 많은 연구보고서와 출판물들이 쏟아졌다. 물론 혁신교육지구와 관련해서도 지역 협력교육이나 마을교육공동체라는 주제로 최근 활발한 논의와 집필이 이루어지고 있다. 그러나 아직 상대적으로 전자에 비해 충분하지 않고, 무엇보다 혁신교육지구를 통해 만들고자 하는 마을교육공동체 상(像)에 대한 정리가 아직 진행 중이라는 점에서 여기에서는 주로 마을교육공동체 구축에 요구되는 정책에 집중해 몇 가지 제안을 하려 한다. 3장의 내용 일부는 2017년 주정흔 등이 진행한 서울시교육청 '학교와 자치구가 협력하는 마을 방과후 운영 방안 연구' 중 필자 집필 부분 일부를 참고하여 수정 보완한 것임을 미리 밝혀둔다.

"

방과후학교와 돌봄교실은
지자체로 이관하라

경기도에서는 '꿈의학교' 사업을 통해 방과후나 주말, 방학을 이용해 교육청과 지자체, 교사와 마을 어른들의 지원하에 아이들이 또 다른 교육적 경험을 할 수 있도록 하고 있다. 서울에서는 2017년 서울형혁신교육지구 정책의 핵심 필수 과제로 **마을방과후체계** 구축을 제시하고, 9개 자치구에서 이를 시범 실시하는 사업을 추진했다. 마을방과후체계를 구축하는 일이 혁신교육지구의 핵심사업이라고 할 때, 경기도와 서울의 시도는 이를 위한 중요한 실천적 토대를 만드는 작업이라고 할 수 있다.

방과후학교와 돌봄교실은 마을방과후체계로 재편해야

마을방과후체계 구축을 위해서는 이미 전국 모든 학교에서 운영되고 있는 학교 내 방과후학교와 돌봄교실을 마을방과후체계 안으로 재편하는 것이 우선적으로 중요하다.

그것은 첫째, 현행 방과후학교와 돌봄교실이 이미 많은 학부모나 아이들에게 익숙한 일상이자 방과후에 이루어지는 중요한 활동으로 자리 잡고 있어 마을방과후체계를 만드는 일에서 반드시 해결해야 하는 문제이기 때문이다. 둘째, 학교의 방과후학교와 돌봄교실에 대한 운영부담을 덜어내는 것은 학교가 정규 교육과정에 집중할 수 있도록 함으로써 공교육혁신 여건을 마련하는 것이기 때문이다. 따라서 시기적 선후나 과정상 단계적 접근이 필요할 순 있어도 현재의 학교 내 방과후학교와 돌봄교실을 그대로 둔 채 따로 마을방과후체계를 만드는 일은 반쪽짜리 사업이 될 수밖에 없다.

방과후학교는 아동·청소년 복지의 일부

이미 앞에서 현재 학교 내 방과후학교는 사실상 돌봄적 성격을 띤 아동·청소년 복지의 일부라는 점을 밝힌 바 있다. 방과후학교 프로그램은 교과 관련은 점차 줄어들고 문예체나 학교교육활동에서 부족한 여타 분야의 활동들이 대부분을 차지하고 있다. 이러한 활동은 학교 밖 마을에서 다양한 청소년 활동 공간과 프로그램 운영을 통해 지역 아이들이 안전한 환경에서 자유롭게 돌봄을 받는 마을방과후체계로 전환되어 이루어져야 한다. 마을방과후체계는 학습 개념보다는 **다양하고 개방적인 활동** 관점에서 접근되어야 한다. 단지 학교교육의 연장으로 방과후가 채워지는 것은 바람직하지 않다. 마을방과후체계 구축의 출발은 현행 방과후학교와 돌봄교실을 지자체가 운영하는[5] 것에서 시작되어야 한다. 서울 도봉구나 금천구의 사례가 참고할 만하다.

세액공제, 바우처제도 등 법·제도적 개선 필요

현행 방과후학교는 10년 이상 학교가 운영 주체로서 운영되어왔다. 따라서 방과후학교를 마을방과후체계의 일부로 전환시키기 위해 지자체와 마을이 나서는 일은 여러 가지 법·제도적 개선이 수반될 때 비로소 원활하게 추진될 수 있다. 학교 내 방과후학교를 중심으로 운영되고 있는 세액공제, 바우처제도, 안전공제, 성범죄 조회 등에 관한 제도 개선이 필요하고, 전담기구 및 인력 운영을 위한 안정적 재정 확보와 혁신교육지구 사업의 재구조화와

---

5. 장소가 학교일 순 있어도 운영 주체는 지자체가 되어야 함을 말한다. 지자체가 방과후학교를 책임지고 운영하는 데 필요한 법적 근거는 이미 현행 「청소년기본법」(제47, 48, 49조), 「청소년활동진흥법」(제3, 5, 60~65, 69조), 「청소년활동진흥법」 시행령(제2조) 등에 마련되어 있다.

예산배분의 우선순위 및 비중 조정, 지자체 교육경비보조금 성격 및 집행 방식의 전환 등도 필요하다. 또한 「마을방과후활동지원법」 및 조례 제정 등을 통한 법률적 근거가 마련될 때, 비로소 정책 전반의 안정성과 지속성이 담보될 수 있을 것이다.

지자체단위 가칭
'마을 방과후 운영단'을 구성하라

앞에서 우선 방과후학교와 돌봄교실을 지자체로 이관해야 한다는 제안을 했다. 혁신교육지구 사업의 성공을 위해 두 번째로 제안하고 싶은 것은 바로 마을에 지자체단위의 **마을 방과후 운영단**이 조직되어 운영되어야 한다는 것이다. 현재는 일부 자치구에서 마을 방과후 지원센터를 운영하고 있다.

'마을 방과후 운영단'의 필요성

학교가 마을 전체 아이들을 대상으로 하는 것처럼, 궁극적으로 마을 방과후도 마을 전체 아이들의 방과후를 돌보는 일이라고 할 때, 그 일의 중요성이나 규모는 미루어 짐작할 수 있다. 따라서 그동안 다양한 필요에 의해 중간조직 형태나 특정 업무를 위한 목적으로 양산되었던 '○○센터'는 마을 방과후를 위한 전담기구 위상으로는 적합하지 않다.

'마을 방과후 운영단'은 지자체가 운영하되 아동·청소년을 대상으로 하는 일인 만큼 반드시 교육청과 교사를 비롯한 교육 전문가의 협력이 가능한 구조를 가질 필요가 있다. 바람직하기로는 교육청 인력 및 교사의 파견 형태가 안정적인 협력 구조를 가능하게 해줄 것이라고 생각한다. 그 구체적인 조직 구성 및 형태에 관해서는 좀 더 연구와 논의가 필요한 부분이다.

마을 방과후 운영단, 어떻게 운영되어야 하나?

마을 방과후 운영단은 학습을 포함한 다양한 방과후 활동 프로그램을 개발하고, 방과후 활동을 지원할 전문인력의 확보 및 교육을 담당하며, 다양한 형태의 마을학교들을 네트워크화하여 행·재정적 지원과 모니터링을 담당하고, 마을단위 아동·청소년 방과후 정보를 체계적으로 수집하며, 이를 학부모와 아이들에게 제공해야 한다.

학습과 관련한 특별한 지원이 필요한 아이들은 학교가 기본적으로 책임지는 것으로 하고, 학교 밖 **마을방과후체계**는 학교교육에서는 제공받지 못하는 다양한 교육적 경험을 제공하는 것을 기본으로 해야 하며, 학습과 관련해서는 간접적인 교육효과를 높일 수 있는 활동들을 제공해야 할 것이다. 마을 방과후를 사회적 협동조합이 중심이 되어 운영하는 경우, 이에 대한 지원을 해주는 것 또한 마을 방과후 운영단의 몫이다. 당연히 마을 방과후 활동과 관련해서 수반되는 각종 행·재정적 업무도 마을 방과후 운영단이 담당해야 한다. 하지만 소수의 인원으로는 이 모든 업무를 감당하기 어렵기 때문에 업무 안정성을 확보하기 위한 충분한 인력과 조직 규모를 갖춰야만 한다.

또한 지역단위의 다양한 아동·청소년 시설을 운영하는 기관이나 부처와는 긴밀한 협의와 협력이 필요하기 때문에 지자체 아동·청소년 담당 부서와 일상적 협력 구조를 갖춰야 한다. 이런 협력 구조가 형성되어야만 협의의 교육이 아닌 청소년들의 자율적 활동이 이루어지는 시설인 경우에도 어른들에 의해 안전한 환경이 제공될 수 있다.

방과후학교와 돌봄교실이 지자체와 마을의 일로 이전되면 양자는 **마을방과후체계로 통합**되며 양자의 구분은 아이들의 발달단계에 따른 것으로 구분될 수 있을 것이다.

03

중앙정부 차원의
혁신교육지구 정책지원이 필요하다

혁신교육지구는 아동·청소년 복지를 체계화하고 확장하는 정책
이다. 이것은 개별 지자체 차원만으로는 아무리 노력해도 한계가
있다. 따라서 중앙정부 차원에서 아동·청소년 복지 관점에서 마
을방과후체계 구축을 적극 지원해야 한다.

비체계성으로 인한 각종 낭비와 효율성 저하 문제

특히 현재 아동·청소년 관련 사업들이 교육부, 여성가족부, 보건
복지부, 행정자치부, 각급 지자체 차원에서 각각 추진되고 있어
전혀 체계성이 확보되고 있지 못하다. 당연히 중복사업으로 인한
예산낭비, 비체계성으로 인한 효율성 저하, 학교나 지자체 담당자
들의 업무부담 가중과 같은 문제들이 발생하고 있다. 중장기적으

로는 아동·청소년 대상 사업을 담당하는 중앙부처 간 마을방과후
체계 구축을 위한 협의체 구성 및 업무체계 조정 등이 필요하다.
현 정부, 특히 교육부는 이러한 문제의식으로 혁신교육지구 정책
에 대한 관심을 가지고 마을방과후체계 구축을 위해 전국 차원에
서 필요로 하는 토대를 마련하는 데 적극 나서야 할 것이다.

포괄적 마을방과후체계 구축을 위한 통합·조정의 필요

한 가지 더 제안하고 싶은 게 있다. 현재 전국 각지의 청소년 시
설, 지역 아동센터 등을 포괄해 마을방과후체계가 구축될 수 있
도록 통합·조정 작업이 필요하다는 것이다. 특히 문화, 예술, 스
포츠 관련 시설들이 아동·청소년 우선으로 활용되게 하고, 마을
방과후체계와 연계되게 해야 한다. 이는 아이들의 정서적 안정과
감성지수를 높이는 데도 필요하지만, 소위 4차 산업혁명 시대가
요구하는 통합적 역량을 갖추는 데에도 꼭 필요하다. 이러한 아
동·청소년 우선 문화가 전국에 자리 잡는다면 학교 혁신을 통해
학교의 경계를 넘나드는 교육과정의 확대도 촉진될 것이다. 또한
사회가 아동·청소년을 우선하게 될 때 비로소 존중과 배려 속에
성장한 아이들이 만드는 미래사회가 가능해질 것이다. 혁신교육
지구는 이를 위해 현재의 어른들이 협력하고 실천하는 일이다.

삶과 교육을 바꾸는
맘에드림 출판사 교육 도서

혁신학교란 무엇인가

김성천 지음 / 값 15,000원

교육공동체가 만들어내는 우리 시대 혁신학교 들여다보기. 혁신학교 전반에 관한 이야기를 다루고 있는 책으로, 공교육 안에서 혁신학교가 생기게 된 역사에서부터 혁신학교의 핵심 가치, 이론적 토대, 원리와 원칙, 성공적인 혁신학교의 모습을 보이고 있는 단위학교의 모습까지 담아냈다.

학부모가 알아야 할 혁신학교의 모든 것

김성천 · 오재길 지음 / 값 15,000원

학부모들을 위한 혁신학교 지침서!
'혁신학교에서는 무엇을, 어떻게 가르치고 있는지, 교사 · 학생 · 학부모는 어떻게 만나서 대화하고 관계를 맺어가는지, 어떤 교육목표를 지향하고 있는지 등 이 책은 대한민국 학부모들의 궁금증에 친절하게 답을 한다.

학교 바꾸기 그 후 12년

권새봄 외 지음 / 값 14,500원

MBC〈PD 수첩〉에 방영되어 화제가 되었던 남한산초등학교. 아이들이 모두 행복하고, 얼굴 표정이 밝은 아이들. 학교 가는 것을 무엇보다 좋아하고, 방학을 싫어하는 아이들. 수업과 발표를 즐겼던 이 학교를 졸업한 아이들이 그 후 12년의 삶을 세상에 이야기한다.

교사는 수업으로 성장한다

박현숙 지음 / 값 12,000원

그동안 교사는 수업에서 아이들을 만나지 못해왔다. 관계와 만남이 없는 성장의 결손을 낳았다. 이 책에서는 교사, 학생, 학부모, 지역사회가 공동체로서 서로 관계를 맺을 때에만 배움은 즐거운 활동으로서 모두가 성장하는 삶의 일부가 될 수 있음을 보여준다.

혁신교육 미래를 말한다

서용선 외 지음 / 값 14,000원

혁신교육 정책을 입안하고 추진하는 데 기여해왔던 6명의
교사 출신 연구자들이 혁신교육 발전에 필요한 정책 과제들을
모아 하나의 책으로 제시한다. 이 책은 교육철학, 교육과정,
교육행정과 학교 운영(거버넌스) 등에서 주요 이슈들을
정리하고 혁신교육의 성과와 과제를 보여준다.

수업을 살리는 교육과정

서우철 외 지음 / 값 16,500원

최근 교육과정을 재구성하는 논의가 활발한 가운데, 이 책에서는
개별 교과목과 교과서의 형식에 얽매이지 않고 아이들의 발달을
고려하여 주제를 중심으로 교육과정을 재구성하여 통합적으로
운영하는 방법과 구체적인 실천 사례를 설명하고 있다.

수업 딜레마

이규철 지음 / 값 14,000원

이 책을 관통하는 키워드는 '사람'이다. 저자의 노하우를 전수하는
것이 아니라, 수업 속에서 딜레마에 맞닥뜨려 고통 받고 있는
선생님들의 고민, 신념을 담고, 그것을 이겨내기 위한 한 분 한
분의 마음을 담고 있다. 이 책은 다시 한 번 교사로 잘 살아보고
싶은 도전을 하게 한다.

좋은 엄마가 스마트폰을 이긴다

깨끗한미디어를위한교사운동 지음 / 값 13,500원

스마트폰은 '재미있고 편리하다'. 그러나 스마트폰 때문에
아이들은 시간을 빼앗기고, 건강이 나빠지고, 대화가 사라지며,
공부와 휴식, 수면마저 방해를 받는다. 이 책은 이러한 사례들을
생생하게 소개하고 부모들에게 아이들의 스마트폰 사용에 어떻게
대응해야 하는지 대안을 제시한다.

삶과 교육을 바꾸는 맘에드림 출판사 교육 도서

수업 디자인

남경운·서동석·이경은 지음 / 값 15,000원

서울형 혁신학교의 대표적인 수업 혁신을 담은 이야기. 아이들이 서로 협력하면서 배우는 수업을 목표로 삼은 저자들은 공동 수업설계를 대안으로 제시한다. 아이들은 서로 '옥신각신'하며 함께 문제에 도전할 때 수업에 몰입하고 배우게 된다. 이 책은 이러한 수업을 어떻게 만들어가는지 잘 보여준다.

어! 교육과정? 아하! 교육과정 재구성!

박현숙·이경숙 지음 / 값 16,500원

교육과정 재구성을 고민하는 교사를 위한 현장 지침서. 이 책은 저자들이 학교현장에서 교육과정 재구성이라는 화두를 고민하고, 실행한 사례들이 담겨져 있다. 주제통합수업, 교과 통합수업, 범교과 주제 학습, 교과 체험학습, 프로젝트 수업 등을 세밀하게 소개하면서 교육과정 재구성 작업의 노하우를 펼쳐 보인다.

행복한 나는 혁신학교 학부모입니다

서울형 혁신학교학부모네트워크 지음 / 값 16,000원

이 책은 학부모가 자신의 눈높이에서 일러주는 아이들의 혁신학교 적응기일 뿐만 아니라, 학부모 역시 학교를 통해 자신의 삶을 고양시켜가는 부모 성장기라는 점에서 대한민국의 모든 학부모들에게 건네는 희망 보고서이기도 하다. 이 책은 혁신학교 학부모로서의 체험을 미리 하는 데 부족함이 없을 것이다.

일반고 리모델링 혁신고가 정답이다

김인호·오안근 지음 / 값 15,000원

서울의 한 일반계 고등학교가 혁신학교로서 4년간 도전과 변화를 겪으면서 쌓은 진로, 진학의 비결을 우리 사회 모든 학생, 학부모, 교사, 시민 등에게 낱낱이 소개해주는 책. 무엇보다 '혁신학교는 대학 입시에 도움이 안 된다'는 세간의 편견을 말끔히 떨어 없앤다.

교사, 어떻게 살아야 하는가
김성천 외 지음 / 값 15,000원

오랫동안 교육현장에서 교육과 연구를 병행해온 저자 5인이 쓴
'신규 교사를 위한 이 시대의 교사론'. 이 책은 학교구성원과의
관계 맺기부터 학교현장에서 맞닥뜨리게 되는 여러 가지 문제들과
극복 방법 등 어떻게 개인의 성장을 도모해야 하는지를 두루
답하고 있다.

다섯 빛깔 교육이야기
이상님 지음 / 값 16,000원

충북 혁신학교(행복씨앗학교)인 청주 동화초등학교의 동화 작가
출신 선생님이 아이들과 함께 보낸 한해살이 이야기다. 초등학생의
특성에 맞도록 활동 중심의 교육과정을 재구성하는 한편, 표현
위주의 교육을 위한 생활 글쓰기 교육을 실천하면서, 학교교육을
아이들의 삶과 연결시키고자 노력한 이야기들을 담고 있다.

만들자, 학교협동조합
박주희·주수원 지음 / 값 14,500원

이 책은 학교협동조합이 무엇인지, 어떤 유형의 학교협동조합이
가능한지, 전국적으로 현재 학교협동조합의 추진 상황은 어떠한지
국내외 사례를 통해 소개하고 안내하는 한편, 학교협동조합을
운영하는 원리와 구체적인 교육 방법을 상세하게 풀어놓고 있다.

땀샘 최진수의 초등 수업 백과
최진수 지음 / 값 21,000원

초등학교에서 20여 년간 아이들을 가르쳐온 저자가 초등학교
수업에 대해서 기록하고 연구하고 실천하며 쌓아온 경험을
바탕으로 초등학생들과 수업을 함께하는 방법을 담고
있다. 초등학교 교사가 아이들을 가르칠 때 알아야 할 가장
기본적이면서도 가장 중요한 모든 것을 다루고 있다.

혁신 교육 내비게이터 곽노현입니다

곽노현 편저 · 해제 / 값 17,000원

서울시 18대 교육감이자 첫 번째 진보 교육감으로서 혁신 교육을 펼쳤던 곽노현은, 우리 사회 전반을 아우르는 주요 교육 현안들을 이 책에서 포괄적으로 다루고 있다. 2014년 3월부터 1년간 방송된 교육 전문 팟캐스트 '나비 프로젝트' 인터뷰에 출연한 전문가들과 나눈 대화와 그에 대한 성찰적 후기를 담고 있다.

무엇이 학교 혁신을 지속가능하게 하는가

권성호 · 김현철 · 유병규 · 정진헌 · 정훈 지음 / 값 14,500원

독일 '괴팅겐 통합학교', 미국 '센트럴파크이스트 중등학교', 한국 혁신학교의 사례들을 통해 성공적인 학교 혁신의 공통점을 찾아내고 그것을 지속가능하도록 만들기 위해서 필요한 것은 무엇인지를 보여준다. 독자들은 '좋은 학교'를 만들기 위한 학교 혁신의 세계적인 공통점을 찾을 수 있다.

교과를 꽃피게 하는 독서 수업

시흥 혁신교육지구 중등 독서교육 연구회 지음 / 값 16,500원

이 책은 지난 5년 동안 진행된 혁신교육지구 사업의 일환으로 학교에서 고군분투하며 독서교육을 이끌어왔던 독서지도사들이 실천 경험을 엮어낸 것으로 청소년기 학생들에게 장래 진로, 사랑, 우정, 삶의 지혜를 찾는 데 도움을 주는 독서교육을 잘 보여주고 있다.

혁신학교의 거의 모든 것

김성천 · 서용선 · 홍섭근 지음 / 값 15,000원

이 책은 혁신학교에 대한 100가지 질문에 답하면서 혁신학교의 역사, 배경, 현황, 평가와 전망을 구체적인 증거를 통해 설명하고 있다. 이 책은 우리 사회에 필요한 교육은 무엇인지, 교사와 학생들이 더 즐겁게 가르치고 배우면서 성장할 수 있는 교육을 위해 필요한 것이 무엇인지 등을 더 깊이 생각해보게 한다.

교실 속 비주얼씽킹

김해동 지음 / 값 14,500원

이 책은 비주얼씽킹 기본기부터 시작하여 교과별 수업, 생활교육, 학급운영 등에 비주얼씽킹을 응용하는 방법을 설명하고 있다. 특히 교사들이 초등학교 1학년부터 고등학교 3학년까지 국어, 수학, 영어, 과학, 사회 등 모든 교과 수업에 비주얼씽킹을 활용할 수 있도록 수업 지도안을 상세하면서도 간결하게 제시하고 있다.

교육과정-수업-평가 어떻게 혁신할 것인가

이형빈 지음 / 값 15,500원

이 책은 교육과정 사회학자 번스타인이 제시한 '재맥락화'의 관점에 따라 저자가 일반 학교와 혁신학교 수업을 현장에서 면밀하게 관찰하고 심층 인터뷰와 설문조사를 통한 연구를 바탕으로, 교실을 민주적이고 평등한 구조로 바꾸기 위해 교육과정-수업-평가를 어떻게 혁신해야 하는지 설명한다.

혁신학교 효과

한희정 지음 / 값 15,000원

이 책에서 저자는 혁신학교 효과를 살펴보기 위해 혁신학교가 OECD DeSeCo 프로젝트에 제시된 '핵심 역량'을 가르치고 있는지, 학생·학부모·교사가 서로 배우는 교육공동체를 이루고 있는지, 학생의 발달을 위한 다양한 교육과정을 운영하고 있는지 등을 반 학교와 비교하여 설명한다.

교실 속 생태 환경 이야기

김광철 지음 / 값 15,000원

아이들이 자연과 친해지고 즐길 수 있도록 교육하는 것은 쉬운 일이 아니다. 특히 도시에서는 더욱 어렵다. 그래서 이 책은 도시 지역 학교에서도 쉽게 실천에 옮길 수 있는 다양한 생태·환경교육을 폭넓게 다루고 있다. 이 책에서 저자는 계절에 따라 할 수 있는 20가지 환경교육 프로그램을 제시한다.

이제는 깊이 읽기

양효준 지음 / 값 15,000원

아이들은 교과서에 수록된 작품이나 이야기 전체를 읽지 못한 상태에서 단편적인 지문만 읽고 이해를 해야 하기 때문에 책을 읽으면서 생각하고 공감할 수 있는 기회와 흥미를 찾을 수 없게 된다. 이 책은 이러한 문제를 개선하기 위해서 한 권이라도 책 전체를 꾸준히 읽어가는 방법인 '깊이 읽기'를 대안으로 소개한다.

인성의 기초가 되는 초등 인문학 수업

정철희 지음 / 값 15,500원

이 책은 아이들의 올바른 인성교육을 위한 새로운 방법으로써 인문학 수업을 제시하고 있다. 이 책에서 설명하고 있는 인문학 수업은 교사가 신화, 문학, 영화, 그림, 역사적 인물의 일대기 등에서 이야기를 찾아 아이들에게 제시하고, 토의와 토론을 통해 자신의 생각을 발전시키는 수업이다.

수업, 놀이로 날개를 달다

박현숙·이응희 지음 / 값 13,500원

교육계에서 최근 가장 중요한 과제로 삼고 있는, OECD의 여덟 가지 핵심 역량(DeSeCo)에 따라 여러 놀이들을 분류해서 설명하고 있다. 이 책의 저자들은 수업이 놀이를 만났을 때 어떻게 핵심 학생들의 핵심 역량이 강화되는지 이야기하고 있다.

더불어 읽기

한현미 지음 / 값 13,500원

이 책은 교사들이 학습공동체를 통해 교직의 전문성과 자율성을 새롭게 발견하며 성장하는 이야기를 다룬다. 이 책에서 저자는 이러한 비인격적인 제도와 환경 아래서 교사들이 행복을 되찾기 위해서는 서로 협력하며 같이 배우면서 아이들과 함께 성장할 수 있어야 한다고 말한다.

수업 코칭
이규철 지음 / 값 15,500원

가르치는 일을 함으로써 학생들의 배움을 돕는 교사들에게 수업은 시간적으로도, 공간적으로도 학교에서 자신이 하는 일의 중심을 이룬다. 그래서 수업에 관한 고민은 교과를 가리지 않고 교사들에게 일반적으로 드러난다. 이 책은 그중에서도 '수업 코칭'이라는 하나의 흐름을 다룬다.

땀샘 최진수의 초등 글쓰기
최진수 지음 / 값 17,000원

글쓰기가 아이들에게 필요한 중요한 것이 되려면 먼저 솔직하게 써야 한다. 모르는 것은 '모른다', 잘못은 '잘못이다', 싫은 것은 '싫다'고 솔직하게 드러낼 때 글쓰기는 아이가 성장하는 디딤돌이 될 수 있다. 지도하는 사람과 지도받는 사람이 따로 있는 것이 아니라 함께 쓰고, 함께 나누면서 서로 성장을 돕는 것이다.

교사들이 함께 성장하는 수업
서동석·남경운·박미경·서은지,
이경은·전경아·조윤성 지음 / 값 15,000원

이 책은 배움 중심 수업을 위해 서로 다른 여러 교과 교사들이 수업을 디자인하고 연구하는 '수업 모임'에 관해 다룬다. 수업 모임 교사들은 함께 교과 수업을 디자인하고, 참관하고, 발견한 내용을 공유하고 평가하는 피드백을 통해 수업을 개선해간다.

땀샘 최진수의 초등 학급 운영
최진수 지음 / 값 19,000원

이 책의 저자는 학급운영의 출발은 아이들을 '가르치는 대상'에서 '존중받는 존재'로 바라보는 것에서 시작해야 한다고 이야기한다. 또한 아이들과 함께하면서 교사는 성장한다. 이러한 성장은 교사 스스로 자신을 되돌아보고 성찰할 때 비로소 이루어지며, 그 결과 올바른 학급운영이 이루어진다고 이 책은 말한다.

당신의 교육과정-수업-평가를 응원합니다

천정은 지음 / 값 14,500원

이 책은 빛고을혁신학교인 신가중학교에서 펼쳐진, 학교교육 혁신 과정과 여전히 완성되지 않은 그 결과를 다루고 있다. 저자인 천정은 선생님은 이 책을 통해 자신의 수업이 앞으로도 교육의 본질에 더 가깝게 계속 혁신되기를 바라고 있다.

에코 산책 생태 교육

안만홍 지음 / 값 16,500원

오늘날 인류가 에너지와 자원을 대량으로 소비하는 생활양식은 자연을 파괴하고 수많은 환경 문제를 야기하고 있다. 이 책은 그러한 생태 교육을 위해 필요한 내용을 다루고 있다. 아이들이 지구 환경을 다시 복원하기 위해서 갖춰야 할 것은 오감을 통해 스스로 자연을 느끼고, 자연의 소중함을 배우는 것이다.

I Love 학교협동조합

박선하 외 지음 / 값 13,000원

학교에 협동조합을 만드는 일에 참여했던 학생들의 협동조합 활동과 더불어 자신과 친구들이 어떻게 성장했는지를 이야기한다. 글쓴이 중에는 중학교 1학년 때부터 사회복지사라는 장래 희망을 가지고 학교협동조합에 참여한 학생도 있고, '뭔가 재밌을 것 같다'는 호기심을 가지고 시작한 학생 등 다양한 사례를 담고 있다.

내면 아이

이준원 · 김은정 지음 / 값 15,500원

'내면 아이'가 자녀/학생과의 관계에서 어떠한 영향력을 행사하는지, 어떻게 갈등을 일으키는지 볼 수 있게 한다. 그 뿌리를 찾아 근원부터 치유하는 방법들은 필자의 경험을 바탕으로 종합한 것이다. 또한 임상 경험을 아주 쉽게 소개하여 스스로 자신의 '내면 아이'를 만나고 치유할 수 있도록 하는 데 중점을 두었다.

핵심 역량을 키우는 수업 놀이
나승빈 지음 / 값 21,000원

이 책은 [월간 나승빈]으로 유명한 나승빈 선생님의 스타일이
융합된 놀이책이다. 이 책은 교실에 갇혀 넘치는 에너지를
발산하지 못하는 아이들과, 단순한 재미를 뛰어넘어 배움이 있는
수업을 고민하는 선생님을 위한 것이다. 본문에서는 수업 속에서
실천이 가능한 다양한 놀이를 제시하고 있다.

교실 속 비주얼 씽킹 (실전편)
김해동 · 김화정 · 김영진 · 최시강,
노해은 · 임진묵 · 공세환 지음 / 값 17,500원

전 편이 교과별 수업, 생활교육, 학급운영 등에 비주얼씽킹을
응용하는 방법을 이론적으로 설명했다면, 《교실 속 비주얼씽킹
실전편》은 실제 초 · 중 · 고 학생을 대상으로 수업을 진행한
교사들의 활동지를 담았다.

수업 고민, 비우고 담다
김명숙 · 송주희 · 이소영 지음 / 값 15,500원

이 책은 수업하기의 열정을 잃지 않고 수업 보기를 드라마 보는
것만큼 재미있어 하는 3명의 교사가 수업 연구에 대한 이론적
체계가 아닌, 현장에서의 진솔한 실천 과정을 순도 높게 녹여낸
책이다. 이 속에는 자신의 교실을 용기 있게 들여다보며 묵묵히
실천적 연구자로 살아가는 선생님들의 고민과 성장이 담겨 있다.

뮤지컬 씨, 학교는 처음이시죠?
박찬수 · 김준성 지음 / 값 12,000원

각고의 노력으로 학교 뮤지컬을 개척한 경험과 노하우를 소개한
책. 뮤지컬은 학생들의 삶을 보다 풍요롭게 만듦으로써 학교교육
위기의 대안으로 크게 주목받고 있다. 현장에서 바로 적용하고 고
민할 수 있는 현재진행형의 살아 있는 지식이 담겨 있다.

삶과 교육을 바꾸는 맘에드림 출판사 교육 도서

어서 와, 학부모회는 처음이지?

조용미 지음 / 값 15,000원

두 아이의 엄마인 저자가 다년간 학부모회 활동을 하면서 알게 된 노하우와 그간의 이야기들을 담은 책. 학부모회 활동을 처음 시작하는 이들이나, 이미 학부모회에서 활동 중이지만 학교라는 높은 벽에 부딪혀 방향성을 고민 중인 이들에게 권한다.

학교협동조합 A to Z

주수원·박주희 지음 / 값 11,500원

'학교협동조합'의 설립 및 운영과 관련해 학생, 학부모, 교사들이 궁금해할 만한 이야기들을 질문과 답변 형식으로 풀어냈다. 강의와 상담을 통해 자주 접하는 질문들로 구성했으며, 학교협동조합과 관련된 개념들을 좀 더 쉽고 빠르게 이해하는 데 중점을 두었다.

색카드 놀이 수학

정경혜 지음 / 값 16,500원

몸짓과 색카드로 초등학교 1학년부터 6학년까지 배우는 수와 연산을 익힐 수 있도록 가르치는 방법을 다룬다. 즉, 색카드, 수놀이, 수 맵, 몸짓 춤, 스토리텔링, 놀이가 결합되어 아이들이 다양한 감각을 통해 몸으로 수학의 개념과 원리를 터득하게 하는 것이다. 놀이처럼 수학을 익히면서 개념과 원리를 터득해나갈 수 있다.

교육을 교육답게 우리교육 다시 세우기

최승복 지음 / 값 16,000원

20여 년간 교육부 공무원으로 정책을 연구하고 입안해온 저자가 우리 사회가 당면한 교육 문제의 본질과 대안을 명확하게 정리한 책. 저자는 표준화된 교육과정과 평가에 따라 학생들에게 획일성과 경쟁만 강조해왔던 과거의 교육을 단호히 비판하고 학생 개개인에게 맞는 개별화 교육이 필요하다고 주장한다.

처음부터 다시 시작하는 수업

민수연 지음 / 값 13,500원

1년 동안 아이들과 교사가 함께 행복한 교실을 만들어나간 기록들이 담겨 있다. 교육의 본질과 교사의 역할, 교육관과 인간 본성에 관한 철학적 고민부터 구체적 방법론, 아이들의 참여와 기쁨에 이르기까지 교육과 관련된 다양한 요소가 버무려져 마치 한 편의 드라마 같다.

혁신교육 정책피디아

한기현 지음 / 값 15,000원

이 책의 저자는 교육 현장은 물론, 행정 프로세스에 대한 경험을 모두 갖춘 만큼 교원업무정상화, 학폭법의 개정, 상향식 평가, 교사인권 보호, 교육청 인사, 교원연수 등과 관련해 교육 현장의 가려운 곳을 제대로 짚어 긁어주면서도 현실성 높은 다양한 정책들을 제안한다.

영화 만들기로 창의융합 수업하기

박현숙·고들풀 지음 / 값 13,000원

창의융합 수업의 좋은 사례로서 아이들과 영화를 만든 이야기를 담았다. 시나리오, 콘티, 촬영, 편집과 상영까지 교과의 경계를 넘나드는 영화 만들기 수업 속에서 아이들은 다양한 역량을 발휘하며 훌쩍 성장한다. 학생들과 영화 동아리를 운영한 사례들도 담겨 더욱 깊이 있는 노하우를 얻을 수 있다.

톡?톡! 프로젝트 학습으로 배움을 두드리다

최미리나 · 이성준 · 김지원 · 조수지 · 심혜민 지음 / 값 19,500원

이 책은 학생들이 흥미를 느끼는 주제로 탐구 활동을 진행해 배움의 진정한 즐거움을 발견하고, 나아가 한층 더 깊은 탐구로 이어지는 선순환이 가능한 프로젝트 수업을 위한 거의 모든 것을 다룬다. 이 책을 통해 의미 있는 프로젝트 수업을 만들어갈 수 있는 다양한 아이디어를 얻을 수 있을 것이다.

주제와 감수성이 살아나는 공감 수업

김홍탁 · 강영아 지음 / 값 16,000원

교육의 본질은 수업이며, 학생들은 수업에서 삶을 배워야 한다. 저자들은 그 연결 고리를 '공감'으로부터 찾아냈다. 역사와 정치, 민주주의를 관통하는 주제가 살아 있는 수업, 타인과 사회를 공감하는 수업을 통해 아이들은 성숙한 민주시민으로 성장해나갈 것이다.

평가의 재발견

고영희 · 윤지영 · 이루다 · 이성국 · 이승미 · 정영찬
감수 및 지도_허숙(경인교육대학교 명예 교수) / 값 16,000원

이 책은 진정한 교육평가란 무엇인가를 다룬다. 교육평가란 교사의 가르침을 포함하여 교육목표에 이르기까지 교육 활동 전반을 대상으로 평가하는 것이다. 각자 최대한의 학업성취를 이루도록 학생의 발달을 돕는 것이 이 책의 목적이다.

나쌤의 재미와 의미가 있는 수업

나승빈 지음 / 값 21,000원

이 책의 저자는 '재미'와 '의미'를 길잡이 삼아 수업의 길을 뚜벅뚜벅 걸어가고 있다. 책 속에서 제안하는 다양한 재미있는 활동들을 통해 학생들을 좀 더 적극적으로 배움의 세계로 초대하고, 학생들은 자유롭게 생각을 펼쳐나갈 것이다. 아울러 그러한 생각들은 깊이 있는 토론을 통해 의미 있게 확장해나갈 것이다.

하브루타로 교과수업을 디자인하다

이성일 지음 / 값 14,500원

다양한 과목별 하브루타 수업 사례를 담은 책. 각 교과 수업에 활용할 수 있도록 한 하브루타 맞춤 수업 안내서다. 책 속에는 실재 교실에서 하브루타를 적용한 수업 사례들이 교과목 별로 실려 있다. 각 사례마다 상세한 절차와 활동지를 담아서 누구나 수업에 바로 적용하고 쉽게 따라할 수 있도록 했다.

하브루타 수업 디자인

김보연 · 교요나 · 신명 지음 / 값 16,000원

저자들은 이 책에서 하브루타를 하나의 유행이 아니라 시대의 흐름으로 보면서, 하브루타가 문화로 자리 잡아야 한다고 주장한다. 이 책은 질문과 대화가 인간의 모든 지적 활동에서 핵심적인 역할을 한다는 저자들의 믿음을 바탕으로 집필되었다. 아울러 학교생활뿐 아니라 가정에서도 하브루타를 실천하기 위한 재미있고 다양한 방법들을 제시한다.

프로젝트 수업으로 배움에 답을 하다

김 일 · 조한상 · 김지연 지음 / 16,500원

이 책은 중학교와 고등학교 교육에서 프로젝트 수업을 적용해서 실천한 내용을 담고 있다. 교육과정을 재구성하고, 성취기준에 따라 다양한 방식으로 평가하고, 마지막으로 학생부에 기록을 남기는 방법까지 실제 사례를 통해 상세히 설명한다.

초등 온작품 읽기

로고독서연구소 지음 / 값 15,500원

한 학기에 책 한 권을 읽는 수업을 통해 아이들에게 하나의 작품을 온전히 읽음으로써 깊게 성찰할 수 있는 기회를 제공해줄 수 있다. 이 책은 온작품 읽기를 통해 학생 중심, 활동 중심의 수업을 어떻게 디자인해야 하는지와 함께 다양한 독서 수업 방법을 상세히 설명해준다.

초등 상담 새로 고침

심경섭 · 김태승 · 박수진 · 손희정 · 김성희 · 김진희 · 남민정 · 박창열 지음 / 값 16,000원

학교 현장에서 아이들의 부적응이나 문제행동을 고민하지 않는 교사는 거의 없다. 이 책은 이러한 문제에 대한 해결책을 찾는 교사의 상담 지혜를 다룬다. 특히 문제 상황에 따른 원인을 분석하고 명확한 가이드라인을 제시한다. 이는 교실 현장에서 발생하는 거의 모든 문제 상황에 적용될 수 있다.

삶과 교육을 바꾸는 맘에드림 출판사 교육 도서

교사의 말하기

이용환 · 정애순 지음 / 값 15,000원

이 책은 말하기 기술을 연마하기에 앞서 말하고자 하는 상대에 주목해야 함을 강조한다. 그리고 무심코 내뱉은 말 한 마디로 학생들이 얼마나 큰 상처를 입을 수 있는지 경계한다. 아울러 교사의 말이 학생을 성장시키고 나아가 교사 자신까지 성장시키는 엄청난 힘을 발휘한다는 것을 강조한다.

생각하는 교실, 철학하는 아이들

한국 철학적 탐구공동체 연구회 지음 / 값 16,000원

공동체의 유지와 발전을 위해서는 합리적일 뿐만 아니라 합당한 판단을 할 수 있는 시민이 필요하다. 이것은 구성원들의 고차원적 사고와 숙의를 통해서만 달성될 수 있다. 철학함은 생각과 숙의의 기반이 된다. 이 책은 모든 학교 수업을 통해 아이들이 철학하는 역량을 어떻게 키울 수 있는지를 보여준다.

교실 속 유튜브 수업

김해동, 김수진, 김병련 / 가격 19,500원

교실에서 이뤄지는 유튜브 수업은 학생들을 단지 미디어 수용자에서 참여자로, 소비자에서 생산자로 자리매김할 기회를 준다. 이 책은 이를 위한 충실한 안내자로서 주제, 유튜브, 스토리, 촬영, 편집, 제작, 홍보에 이르기까지 거의 모든 과정을 다룬다.

독자 여러분의 소중한 원고를 기다립니다

맘에드림 출판사는 독자 여러분의 소중한 원고를 기다리고 있습니다. 원고가 있으신 분은 momdreampub@naver.com으로 원고의 간단한 소개와 연락처를 보내주시면 빠른 시간에 검토해 연락을 드리겠습니다.
